KB175135

금강길 이야기길

비단물결 금강천리 따라 걷기 여행

금강길 이야기길

최수경 글·사진

이담
Books

머 리 말

금강에서 어제와 오늘을 보고 내일을 꿈꾼다

샘물은 솟아 도랑을 이루고 몸집 불려 강이 되어 서해로 나간다.

누른 물은 산이 만들어 준 물길을 따라 생명 안고 흘러 비단 옥토를 적시니, 산 높고 골 깊은 상류마을이나 강폭 크고 들 넓은 하류마을이나 비단 금강이 품어 주는 어디고 그곳에는 이야기를 간직한 금강 사람들이 있었다.

금강 사람들! 강을 기반으로 생명을 틔우고 키워 온 삶이었고, 강 속에서 희로애락을 담아 왔던 삶이었다. 강에 터전이 모아지니, 강의 흐름과 성질을 닮은 유역의 정서가 만들어지는 것은 어쩔 수 없는 일. 반원으로 흐르는 강에서 품어 주고 내어주는 정, 순응과 끈기, 강직함과 자연스러움이 묻어 나오니, 이는 곧 강을 닮은 금강유역의 정서이자 우리 민족적 정서를 이루었다.

하나가 되어 보듬고 살아왔던 강이었지만, 산업화 이후 강은 우리에게서 멀어져 갔다. 강은 그저 쓰레기를 떠안고 오수를 껴안는 수로일 뿐이었고, 자연이기보다는 도구였을 뿐이었다. 그렇게 마음과 몸을 적시던 유년의 강이 지금은 도로 너머로 바라다만 보는 강이 되었고, 콘크리트에 갇혀 만질 수 없는 강이 되어 버렸다.

이제 내 삶의 질을 높이고 결을 다듬다 보니 사람들은 자연에 눈을 돌리기 시작했다. 높은 산에서 깊은 숲으로 발걸음이 옮겨 오고, 바라다보는 강에서 생명이 숨 쉬는 강임을 알고자 한다. 또한 단순이동의 길에서 위대한 역사를 만들어 낸 이야기가 있는 길임을 인식하기 시작했다.

시대적 요구는 마음을 바쁘게 했다. 생명의 강에서 사람과 뭇 생명들의 삶을 들여다보는 일, 사람이 도구화했던 강을 자연으로 돌려주는 일, 역사의 주인공인 강을 사람들에게 알리고 애정 갖게 하는 일, 그리고 강을 통해 자연과 환경의 가치를 깨닫게 하는 일은 너나 할 것 없이 누구나 앞장서 해야 할 일이었다.

돌아보면 10여 년 동안 나는 하천과 자연생태에 대해 알고자 노력해 왔다. 그리고 자연의 경이로움과 생명의 소중함, 하천생태계의 다양성과 우리 삶에의 영향을 시민과 아이들에게 알리고 교육하는 일을 게을리하지 않았다.

나의 하천에 대한 관심은 지역을 넘어 금강으로 이어졌고, 금강의 풍부한 인문 자연자원을 환경교육의 장으로 활용고자 했다. 금강의 역사와 문화와 더불어 생태와 환경을 접목하여 금강에 대한 이해를 풍부히 도울 수 있는 이야기들을 담아내고자 했다.

우리 땅의 많은 강에 이야기가 있고, 우리 땅의 많은 길에 사연이 있다.

강의 이야기는 강 정비사업에 묻혀 흔적이 별로 없지만 더욱 가치 있게 살아나야 하고, 길이 품은 사연은 도보 길의 복원과 조성이 복제화될수록 더욱 깊이 발굴되어야 한다.

다행히 금강은 비교적 다른 강에 비해 자연경관이 잘 보존되어 있는 데다 강 정비사업의 인위적 조성이 덜 한 경우에 있다. 따라서 금강은 있는 그대로의 아름다운 자연을 통해 보다 앞선 환경시민으로 키울 수 있는 기회의 장이 될 수 있다. 이는 과거 부정적 측면을 통한 충격요법의 환경교육에서 아름다운 자연을 통해 보존과 환경의지를 싹 틔우게 하는 실천이라 여긴다.

또한 강마을 사람들의 삶과 강에 기대 사는 뭇 생명들의 숨은 이야기들을 통해 내가 그들과 유리된 삶이 아닌 하나의 공동체라는 인식의 전환이 될 수 있는 장이 될 수 있다. 강에 대한 인문환경과 생태환경이 함께 어우러질 때, 유역인으로서 과거와 현재에 머무르지 않고 미래를 향한 지속 가능한 삶을 꿈꿀 수 있다 여긴다.

나는 금강에서 오랫동안 함께한 이들의 고마움을 잊을 수 없다. 금강 구석구석에서 오늘도 우리 강을 내 살결같이 보듬는 분들과 몇 차례 전 구간을 걸으며 수많은 기록과 정보를 나눈 벗들이 있다. 또한 금강을 사랑하는 친구들과 금강트레킹 식구들이 늘 함께한다. 무엇보다 금강을 마당처럼 뛰

놀며 무한상상의 장을 펼 수 있도록 후원한 사랑하는 나의 가족에게 고마움을 표한다.

　지도와 일러스트를 도와주신 금강유역환경청과 김옥 선생님께 감사를 드리며, 이 책에 담아낸 미력한 이야기들이 읽는 이로 하여금 금강에 대한 이해와 사랑을 키워 내는 데 도움이 될 수 있기를 기대해 본다.

2012년 개구리가 깨어나는 시기에

최수경

차 례

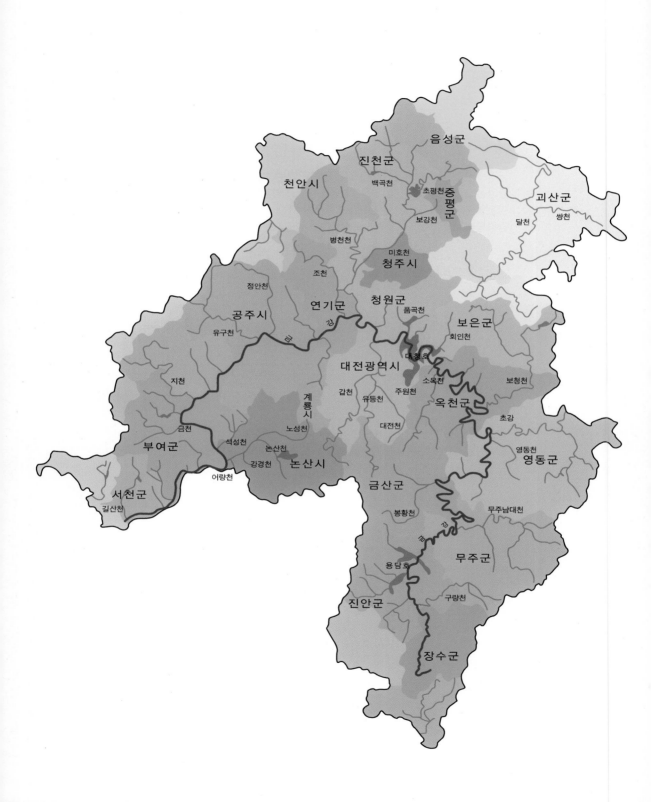

장수

제1장

금강 천리물길 여기서부터...

계북천

금

장계천

강

장수천

수분천

❶ 뜬봉샘

❷ 의암송

❸ 신기마을

산줄기·물줄기 이야기

우리나라 산줄기와 물줄기는 백두산에서 시작해 하나로 이어진 백두대간 체계로 이루어졌다. 조선 시대 지리학자 여암 신경준(申景濬)이 정리한 산경표(山經表)에는 백두산에서 시작한 산줄기가 1대간 1정간 13정맥으로 형성되어 있다.

　산자분수령이라 하여 산은 스스로 물을 나눈다고 했다. 산줄기의 물들은 각각 양방향 고랑으로 모여들어 물줄기를 형성하니, 마치 나뭇잎의 잎맥이 모이는 형상으로 커다란 강을 이룬다.

　이렇게 물을 나누는 산줄기인 정맥들이 강을 이름 짓고 있는 것은, 산이 그 강을 이루는 물의 산지이자 그 유역을 구획하는 울타리이기 때문이다.

　우리는 초등학교 때 백두대간을 태백산맥·소백산맥으로, 호남정맥을 노령산맥으로 불러 왔다. 그러나 이는 일제강점기 때 일본인 지리학자 고토분지로가 자원침탈의 목적으로 조선의 지하자원을 조사한 한반도의 지질구조도에서 유래한 산맥도이다. 실제 산맥도는 물에 의해 끊긴 것이 많으므로, 이는 산자분수령의 이치에도 어긋나는 것이다.

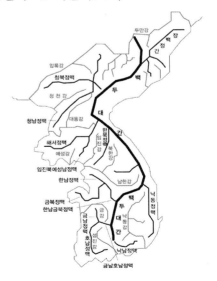

한 물을 먹고사는 한 동네 이야기

남한 땅 대표적인 강은 한강과 낙동강, 금강, 영산강, 섬진강이다. 길이로 보면 낙동강·한강의 순이겠으나, 물의 영향권인 유역의 크기로 보면 한강·낙동강을 순서로 한다.

유역(流域)이라 함은 동네라는 말과 뜻을 같이한다. 동네의 동(洞)자는 물·변에 한 가지 同으로서 한 물을 먹는 마을이라는 뜻이다. 즉 그 물에 따라 마을사람들의 성향과 건강 등이 하나가 될 수 있는 것이다. 한 우물을 사용함으로 해 작게는 질병도 같이하고, 크게는 사람 간의 소통의 장을 통해 문화가 형성되었으므로 공동우물의 관리는 실로 중요한 일인 것이다.

우리조상들은 삶의 기반을 이루는 마을 우물을 항상 정갈하게 가꾸는 것을 당연히 여겼다. 쓰고 버리는 물도 아랫녘에 사는 사람과 뭇 생명에게 누가 되지 않도록 미나리꽝 등의 정화처리를 했다. 이렇게 적극적이고 책임있는 관리를 했던 것도 바로 한 물을 먹고사는 동네적 관점이었기에 가능했다.

여기서 금강유역이란 개념 또한 금강이라는 한 물을 먹고사는 윗녘과 아랫녘 사람들의 공동체 개념으로 이해하였으면 한다.

일반적으로 유역의 정서상 금강은 여느 강과 다른 점이 있다. 한강은 동에서 발원하여 서해까지 수평으로 흘러간다. 낙동강은 북에서 발원하여 남해까지 수직으로 흘러간다. 이 두 강의 발원지와 하구기점과의 거리가 상당한 만큼 문화적인 차이도 상당하니, 당장 강 상·하류지역의 사투리만 보더라도 전혀 다른 문화권임을 보여 준다.

그러나 금강은 발원지인 전북 장수에서 충북 대전광역시 충남을 흘러 충남과 전북을 잇는 하구까지 400여 km를 흐르는 동안 반원의 모양을 그리므로, 발원지부터 하구까지 직선거리는 81km에 불과하다. 이는 유역의 문화권이 큰 차이를 갖지 않는다는 것을 의미하며, 성향이 비슷한 만큼 대동단결이 쉬움을 의미한다.

물이긴장수

한강의 발원지 검룡소와 낙동강의 발원지 황지연못은 각각 8km 거리를 두고 강원도 태백에 위치해 있다. 금강의 발원지 뜬봉샘과 섬진강의 발원지 데미샘 역시 8km 거리를 두고 장수와 진안에 위치해 있다. 남한 땅의 주요 강들이 각각 태백고원과 장수진안고원이라는 지붕에서 발원하여 산줄기의 골을 타고 너른 들을 적시며 바다로 흘러가는 것이다.

금강의 발원지가 있는 장수(長水)는 물줄기가 천리를 흘러가도록 길다는 뜻이다. 장수읍 수분리(水分理)는 물이 나뉜다는 뜻으로, 실제 수분고개에서 물이 남쪽으로 떨어지면 섬진강으로, 북쪽으로 떨어지면 금강으로 흘러든다.

수분리 작은 마을 물뿌랭이마을은 뿌리의 사투리로 물의 근원을 말한다. 먼 조상 때부터 이 작은 마을 뒷산의 옹달샘에서 발원한 물이 긴 물줄기의 시작이었음을 알아 물뿌랭이라는 이름을 갖게 된 것이다.

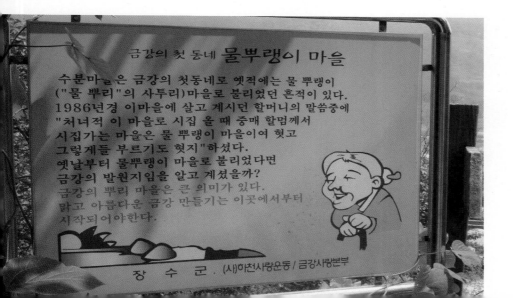

물뿌랭이마을과 수분공소

뜬봉샘이 있는 신무산(897m) 8부능선에 오르기 위해서는 수분리 물뿌랭이 마을을 지나야 한다. 마을입구 수분정의 가을은 은행잎이 기와지붕을 노랗게 덮고 있다.

수분정 바로 위에서 마을을 내려다보고 있는 예수십자가가 눈에 띈다. 1913년경 지어졌으니 100년 역사를 자랑하는 장수본당 수분공소(등록문화재 189호)이다. 주민들이 28km나 떨어진 함양에서 직접 등짐을 지고 고개를 세 번 넘어 흙기와를 날라 와 지어진 지역민 참여의 건축물이다. 정면 6칸, 측면 3칸 팔작지붕의 소박한 한옥건물은 원형 그대로 잘 보존되어 있다.

세월에도 변함없는 모습의 공소 내부공간과 또 다른 건물인 사제관 마루 끝에 매달린 늙은 종을 보면, 물뿌랭이마을에 사람 넘쳐나던 시절에 마을 하늘로 힘차게 울려 퍼졌을 종소리가 들리는 듯하다.

마을 깊이 들어가면 사람 사는 집보다 안사는 집들이 더 많다. 마을골목

길의 늙은 느티나무와 감나무들, 흙벽의 잠자는 방앗간, 마을공동우물, 음매~ 우는 외양간 황소는 향수를 자아내는 시골고향의 모습을 잘 간직하고 있다.

정겨운 돌담길을 따라 가쁜 숨 몰아쉬며 오를 때 즈음 으름덩굴로 터널을 만난다. 한여름이라면 시원한 덩굴그늘 밑에서 주렁주렁 달린 으름을 따 먹으면 꿀맛이겠다. 임도 위로 올라오니 금강발원지를 알리는 표지 석을 만난다. 낙우송 터널이 하늘을 가려 어둡다. 그늘 터널을 벗어나 오르는 산길엔 야생화가 양쪽에 도열하여, 지나는 이 반갑고 지루하지 않다. 오르매 뒤돌아본 진안의 첩첩능선은 갈수록 솟구치며 겹을 더한다.

뜬봉샘

뜬봉샘 오르는 길에도 많은 변화가 일었다. 오롯하던 야생화 오솔길은 장마 시 토사유출을 막기 위해 복토하여 확장 정비했다. 수종갱신사업은 주변 나무들을 많이 베어 다소 황량하다. 뜬봉샘까지 땀 흘리며 오르지 않아도 자동차가 바로 코앞까지 데려다 줄 수 있는 임도가 새로 났다. 소박한 금강의 정서를 반영하듯 했던 뜬봉샘은 새로 정비하여 좀 더 세련되어졌다고나 할까.

드디어 마주한 뜬봉샘. 동그란 샘 속에 물이 가득 고여 있다. 옹달샘 석축 안쪽에 새겨진 "금강천리물길 여기서부터……."라는 글귀가 눈에 들어온다. 조금은 탁한 듯한 샘물은 지금 소금쟁이들의 놀이터다. 물속 깊은 바닥에는 차가운 수온에 발생이 더딘 도롱뇽 새끼들이 느리게 움직인다. 과

연 이 물 먹을 수 있을까 싶지만, 예까지 왔으니 안 먹어 볼 수 없다. 한낮에 한껏 볕에 데워져 미지근하지만, 발원지 물이라서인지 기분이 좋다.

샘가 주변에 물의 깨끗함을 말하는 1급수 지표종 옆새우들이 반갑다. 수로에 지천으로 깔려 있는 옆새우들은 낙엽을 들추니 몸을 감추느라 정신없다. 낙엽의 잎살을 갉아 먹고 사는 옆새우가 사는 곳은 먹는 물임을 말하는 과학적이고 생물학적인 증명인 것이다. 또한 자잘한 모래알집 속의 날도래류 유충들도 옆새우와 함께 먹을 수 있는 1급수임을 알려 주는 지표종이다.

뜬봉샘이란 이름은 무슨 뜻일까. 뜬봉샘에 얽힌 설화에 의하면, 나라를 개국하고자 하는 태조 이성계의 꿈에 봉황새를 태운 무지개가 떠서 찾아온 샘이라는 설과 마을의 재앙을 막으려 봉화를 올리고 여기저기 뜸을 떴다는 설 등 다양하다.

이름이야 어떻든 발원지는 하구기점에서 가장 먼 물의 시작이므로, 신무산에서도 뜬봉샘이 금강의 발원지가 될 수 있었다.

강태등골 하산길

뜬봉샘 하산 길은 마을길이 아닌 신무산 중턱에 위치한 금강사랑물체험관으로 향하는 목도를 이용한다. 뜬봉샘물은 강태등골짜기를 따라 내려가며 주변의 지류를 받아들인다. 낙우송 숲 계곡은 솎아베기로 한결 여백의 여유가 있다.

나무계단을 한걸음 내려가노라면 계곡 물소리가 박자를 맞추듯 경쾌함을 준다. 같은 목도계단이라도 오르는 코스로 선택했다면 이런 느낌은 들지 않을 터. 목도로 인해 잘 보호된 계곡은 진초록 이끼가 바윗돌을 덮어 싱그러움을 더하고, 습기 찬 계곡식생이 눈을 즐겁게 하니 보는 즐거움과 듣는 즐거움에 취해 단숨에 내려온다.

금강사랑물체험관

발원지 찾기는 수자원에 대한 중요성이 커지면서, 생명과 인류문화 탄생의 기원을 알고자 하는 일종의 고향 찾기 행위이다. 강에 대한 관심은 강의 시작과 끝을 포함한 유역전체로 확장되고 있다. 산업화로 내몰려 이치수의 기능이 중요했던 시대와는 달리 강을 휴식과 친수와 교육의 장으로 보는 환경적 기능이 중요하게 대두되고 있는 것이다. 따라서 이제는 강에 새로운 의미를 부여하면서 발원지에 대한 조명이 커지고 있는 것이다. 관심은 변화를 만들고, 변화는 자원의 잠재적 가치를 보호하면서 상생 발전하여야 한다. 자원을 상품화하기 위한 훼손 발전이 되어선 안 되는 것이다.

발원지가 갖는 설화가 모두 비범한 만큼 발원지에 대한 성역화는 중요한 사업이다. 더불어 그냥 관광형식으로 왔다 가는 것이 아닌 교육의 장으로 활용하고자 하는 움직임도 분주하다. 한강 발원지의 경우, 검룡소의 위용 못지않게 발원지로 향하는 숲길을 생태체험학습장으로 활용한 것은 좋은 예이다.

수분초등학교 폐교와 주변 산림지역이 금강사랑물체험관으로 다시 태어났다. 너른 운동장에는 인공연못을, 교사동 자리에는 체험관을, 인근 숲은 석산에서 날아온 인조석들을 조경해 생태공원으로 꾸몄다. 조용하던 작은 마을에 덩치 큰 생태공원이 생겨난 것이다. 과거 수분초등학교를 졸업한 60대 주민은 유년의 동산이 흔적 없이 사라진 모습에 아쉬워하신다. 영겁의 세월 동안 금강 발원지의 역사가 소중한 만큼, 그

근원을 지키고 보살피며 살았던 주민들의 역사도 소중한 것일 것이다. 마을 뒷동산 학교부지에 들어앉은 금강생태학습장이 마을과 별개가 아니라, 관리주체인 장수군과 함께 뜬봉샘을 지키고 긍지로 키워 갈 수 있는 유기체로 키워야 한다.

장수읍에서 천천면까지

강태등골을 지나 온 물은 수분천을 이루고, 하평천·용추천 그리고 장수읍 내에서 장수천을 받아들여 금강이라는 이름으로 흘러간다.

장수읍내에는 절개의 논개 사당인 의암사와 장수군청 앞마당의 소나무(천연기념물 제397호)와 수령 420여 년의 은행나무 보호수, 우리나라에서 가장 오래된 장수향교(보물 제272호)가 있고, 아름다운 마을숲인 노하마을 숲이 장수읍내 끄트머리에서 19번 국도 옆에 위치해 있다.

금강은 장수읍을 지나 13번 국도를 따라가면서 너른 장수들 한 가운데 난 물길을 따라 옥빛을 하며 암반 위를 흘러간다. 장수3절의 하나인 타루비가 있는 곳에서 바위에 그려진 말과 꿩의 돌그림을 감상하고, 반월교에 이르러 반월마을을 가린 빽빽한 느티나무 비보림 속 반월정에서 잠시 앉아 쉬어 가도 좋다.

천천면을 흐르는 천천천

금강은 천천면에 이르러 와룡천 후창천 율치천을 만나고 논계 생가지 인근을 발원지로 한 장수군 내 최대 지천인 장계천을 받아들인다. 천천면(天川面) 면소재지에 이르니, 天高川淸이라 쓰여 있다. 한자의 뜻대로 천천면을 이해하면 쉬울 듯하다. 또한 강을 가로지르는 크고 작은 다리마다 장수를 대표하는 사과와 논개의 상징이 있다.

천천면소재지 송탄마을의 강가 노루목 위로 익산—장수고속도로가 지나간다. 이곳 사람들은 마을 앞을 흐르는 강을 천천천이라 한다는데, 얼마나 독특하고 재미있는 이름인가. 또한 마을의 비보림과 돌담이 정겹고 서정적인 풍경을 하고 있어 지나는 이 기분이 좋아진다. 마을사람들이 맑은 하천과 벗 삼았을 삶의 역사가 머릿속에 그려지는 듯하다.

이제 노루목부터 장계천이 만나는 천천교까지 3km 구간은 계곡트레킹이라 해도 과언이 아닐 만큼, 곳곳에 기암괴석이 늘어져 있고, 검푸른 소와 하얀 포말의 여울이 순번을 반복한다. 강은 온갖 생물종의 놀이터로 모래밭에는 수달가족의 발자국이, 뾰족한 바윗돌 위는 자기 세력을 보여 주는 수달의 똥이, 고라니와 멧돼지의 흔적과 바윗돌 웅덩이 여기저기 연가시들이 바글거린다. 또한 천천면 기암 속에서는 일제가 한민족의 맥을 끊고자 우리 산 곳곳의 맥에 철심을 박아 놓았듯, 금강 상류에서 금강의 맥도 끊으려 했던 철심을 발견할 수 있다.

장계천과 만나는 천천교부터 13번 도로를 따라 난 금강은 계북천과 만나는 오연삼거리까지 옥색 물빛을 내며 힘차게 흘러가다 장수군의 맨 끄트머리에서 진안과 맞닿은 연평리에 접어든다.

하늘내들꽃마을

천천면에 펼쳐진 넓은 뜨락 연평리(蓮坪里)는 하류사람들이 볼 때 손바닥만 한 뜰일지 모르지만, 나름 장수분지에 펼쳐진 귀한 논과 밭이다. 금강이 진안의 감입곡류로 흐르기 전 마지막으로 펼쳐놓은 강변 뜨락인 것이다.

신전마을에서 연평폐교를 활용한 하늘내들꽃마을을 만난다. 사람 줄어 마을도 쇠락했고, 학교마저 폐교되었으나 사시사철 맑은 공기와 맑은 물을 벗 삼아 심신을 휴양하고자 많은 사람들이 찾아오니 다시 사람 끓는 학교가 되었다. 너른 잔디운동장과 학교건물을 그대로 활용한 숙소 그리고 학교종, 책 읽는 소녀와 반공소년, 이순신동상이 그대로 남아 현대인들을 정감 있게 반긴다. 학교를 중심으로 연평리 신전마을 집집마다 어여쁜 이름을 붙여 주었고, 마을 할머니 할아버지들은 민박집을 운영하신다.

평지마을

평지마을에 들어서니 강변 느티나무 노거수들이
마을의 정자나무가 되어 그늘이 되어 준다. 강을
가로막은 평지보 위로 나물그릇 머리에 인 아낙네
걸음걸이가 천연덕스럽다. 발등을 타고 넘는 물 위
걸음이 자주 강을 건너다니는 듯 익숙한 솜씨이다.

과거에는 평지마을로 들어오는 길이 바윗돌 옆
으로 소 한 마리 끌고 갈 폭이었다. 그러다 강을 따
라 바윗돌을 깨어 큰 길을 냈고, 지금은 무주진안
장수의 줄임말인 무진장버스도 하루 몇 차례 들어
온다.

노거수 옆에는 30여 년 전까지 방아를 찧은 방앗
간이 먼지를 뒤집어쓴 채 마을 한가운데 자리했다.
마을길도 뚫렸고, 읍내의 신식기계들이 방앗간을
오랜 잠에 들게 한 것이다. 방앗간 옆의 집마당 한
가운데에는 고인돌의 덮개돌이 차지하고 있다. 선
사시대부터 금강 상류 심산유곡에도 사람이 살았
던 흔적인 것이다.

마을의 작은 뜰에는 봄이면 맥랑의 물결이 출렁
인다. 강변에는 주인 없는 오디나무에서 떨어진 오
디가 땅을 검게 물들인다. 평화롭고 조용한 강변마
을에 낯선 길손이 들면 외양간 송아지가 먼저 알고
울어 반긴다.

신기마을

신기마을 앞까지 아스팔트길은 호젓하기 이를 데 없다. 이따금 마주치는 무진장버스는 무주진안장수의 줄임말인데, 불교어에서 비롯된 아주 많다는 뜻에 익숙해서인지 친숙하게 느껴진다. 포플러나무가 도열해 있는 시골길을 승객 한 명 없이 털털거리며 달리는 모양새가 여간 한가로워 보이는 게 아니다.

신기마을은 조선후기 민간예언서인 정감록에 의하면 10승지의 한 곳이란다. 논과 밭을 일궈먹을 수 있는 적당한 땅이 있고, 천반산 줄기가 만든 심산유곡의 터전이라 외부와 일정한 거리를 둔 호남 제일의 살 만한 땅이라 했다. 일찍이 청학동이 관광지 화되면서 청학동을 나와 신기마을에 터를 튼 도인들이 있으며 명륜학당이 들어와 있다. 실제 신기마을을 감싸고 도는 금강 물줄기는 태극무늬를 그리며 감입곡류로 보여 주니, 언뜻 보기에도 예사롭지 않은 산세요 수세인 것이다.

또한 신기마을 서북편 천반산 아래에는 느티나무 노거수를 할머니신으로 모시는 성황당집이 있다. 너른 들판을 앞마당으로 한 채 인가와 멀어 개 짖는 소리도 들리지 않을 정도다. 마을 주민들은 농사뿐만 아니라 질병재화 등 모든 환난이 있으면 당집을 찾아가 기도하였고, 오랜 세월 당할머니는 마을의 수호신이 되었었다. 근래엔 미신적 신앙으로 취급받아 점차 우리 생활과 멀어져 가고 있지만, 현재 할머니신을 모시는 당집이 누군가에 의해 모셔지고 있다.

당집과 당나무들은 멀리서나마 신기마을 6만여 평 초원
과 어울려 그림 같은 풍경을 보여 준다.

　　신기마을 버스정류장 뒤로 여울을 건널 수 있는 징검
다리가 예쁘다. 도시에서 일부러 만든 네모반듯한 징검
다리가 아닌, 물살에 부드럽게 마모된 바윗돌들의 조합
이 어린 시절을 상기시켜 건너고 싶게 한다.
　　콘크리트 도로에서 내려와 강과 논을 가르는 농로를
따라 걷다가 층층나무를 만나면, 강길로 내려온다.
　　이제 머리 위에 푸른 하늘을 이고, 발아래 푸른 물이
돌아 흐르는 곳에 봉황대가 펼쳐진다. 봉자가 지명이 된
곳은 산세가 험한 지형이라는데, 과연 험준하여 오르고
내리기가 힘겨울 듯한 심산유곡의 시작이다.

　　봉황대 옆 가막교를 사이에 두고 장수와 진안이 나
뉜다.

진안

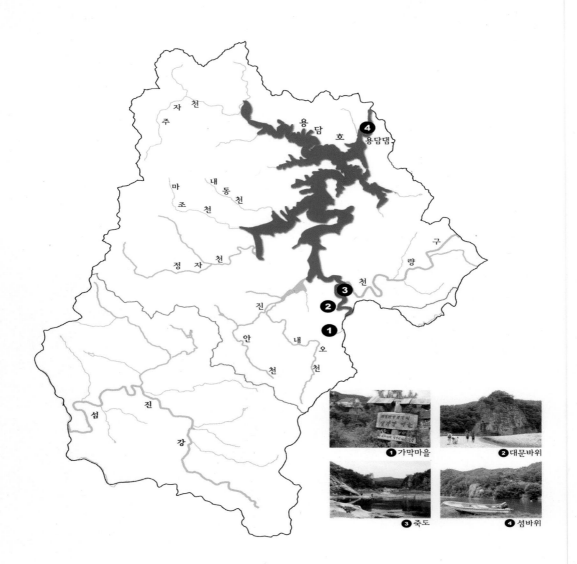

자 천

주

용 담 호

4 용담댐

마 내 동
조 천
천

정 자 천

구

량

3 천

2

진

1

안 내
천 오
천

섬 진

강

1 가막마을   2 대문바위

3 죽도   4 섬바위

진안 그리고 가막리

금강이 장수군 천천면 연평리 신기마을까지 달려와 가막교를 건너 진안군 진안읍 가막리에 접어든다. 진안은 금남정맥과 호남정맥을 나누는 중앙에 위치해 있고 이곳에서 금강과 섬진강이 발원한다. 풍수적으로도 진안(鎭安)이란 이름도 산태극과 수태극의 중심으로써 진정시켜 편안하게 함을 의미한다.

가막리(加幕理)는 겹겹이 막을 더한다는 뜻으로 까마득한 골짜기를 의미한다. 이런 첩첩산중 가막리에도 오래전 사람들이 들어와 터를 잡았고, 상가막·하가막 죽도마을을 이루었다. 상가막과 하가막 마을은 금강의 시원하고 맑은 물과 깨끗한 공기를 자연 자원으로 해 생태체험마을을 운영하고 있다.

여름이면 가막리에 인근의 사람들이 모여들어 천렵과 강수 욕을 즐긴다. 푹푹 빠지는 고운 모래와 둥근 호박돌이 햇볕에 달궈져 따갑다. 물속에서 삐죽이 올라온 덩치 큰 바윗돌 아래는 낚시꾼을 피해 쏘가리가 숨바꼭질을 한다. 옥빛 포말을 일으키며 세차게 여울지는 가막리의 물가풍경 속에서 시름을 잊을 만하다. 여름밤에도 홑이불을 덮고 자야 할 만큼 청정지역인 가막리, 마을 어르신들이 직접 재배한 산채를 반찬으로 한 식사는 참으로 꿀맛이다.

가막리를 흐르는 금강은 전형적인 감입곡류하천의 모습을 보여 준다. 이는 심하게 구불구불한 U자형 굴곡의 하천을 말하는데, 천반산을 휘감고 도는 모습은 천반산 능선산행을 통해 내려다보는 경치에서 그 비경을 만끽할 수 있다.

여울에서는 자연에 순응해야 한다

기온이 그리 차지 않다면, 신발을 벗고 맨발로 강길을 걸어가자. 해마다 장마 후 강가 오솔길은 상류에서 떠밀려 온 고운 모래가 콩고물처럼 쌓여 있다. 발가락 사이로 빠져나가는 금모래의 간지러움과 따뜻한 감촉이 발바닥을 자극하니 기분 좋은 계곡트레킹을 예고한다.

드디어 만나는 징검다리. 징검다리 수위가 죽도트레킹 여부를 결정한다. 만일 물이 불어 징검다리가 묻히는 경우엔 미련 없이 포기해야 한다. 아무리 좋은 경관과 마음가짐이라도 물을 건너는 데 있어 위험을 담보로 할 수는 없는 일이다.

정 아쉬우면 발길을 돌려 자동차로 16km 돌아 상전면 장전마을로 가야 한다. 그곳에서 구량천을 따라 내려가 죽도를 만나는 것으로 만족해야 한다.

죽도트레킹은 이렇게 물 수위의 상태에 따라 길이 열리기도 하고 닫히기도 해 더 그리운 곳인지도 모르겠다.

트레킹(trekking)과 유사하게 쓰이는 말로 트래킹(tracking)과 탐방로(trail)가 있다.
사전적 의미로 'trekking'은 느리지만 힘이 드는 하이킹이라는 정도의 의미, 'tracking'은 인공위성 따위의 궤도 및 위치를 정하는 일을 말하며, 'trail'은 동사로 '뒤를 밟다', 명사로 '발자국', '오솔길' 등의 뜻이다.

여울트레킹의 힘

그러나 만일 징검다리를 건널 수 있는 수위라면, 과감하게 물에 들어갈 때 신발을 벗자. 어쩌면 징검다리가 이끼로 미끄러워 위험할 수도 있다. 그럴 땐 차라리 징검다리에서 내려와 바닥을 걸어 보자. 수위가 장딴지를 넘어 허벅지까지 올라올 수도 있다.

맨발로 이끼 덮여 미끄러운 돌멩이들을 밟자니 몸의 중심을 잡기 힘들다. 한껏 걷어 올린 바짓단이 물에 젖을까 두려운 마음, 자칫 미끄러워 넘어질 것 같은 불안함, 내 하중으로 인한 발바닥의 통증 등 참기 힘든 고통은 여울을 건널 때만 느낄 수 있는 심리적 압박인 동시에 자초한 시련인 것이다.

이럴 땐, 함께하는 동료의 손을 잡아 보라. 둘도 좋고, 여럿이면 더 좋다. 한 줄로 길게 서로 손을 잡고 강강술래하듯 천천히 발을 떼며 함께 건너는 것이다. 게걸음 걷듯 곁눈질을 해 보면, 이내 발바닥을 자극하던 고통도 없어지고, 물에 빠질까 두려워하는 불안감도 없어지며, 바짓단이 물에 젖어도 상관없는 편안한 상태가 된다.

왜냐하면, 재밌고 신이 나 웃고 있는 서로의 얼굴을 발견하기 때문이다. 어느새 이 상황을 즐기고 있는 자신을 발견한다.

혼자 건너면 어려울 수 있는 여울에서 여럿이 함께하 니 새로운 마음의 눈이 열린다. 낯이 어색했던 동료에 대한 신뢰감, 협동의 위대한 힘, 결속이 짙어지는 멤버십, 내가 해냈다는 성취감은 그리 오랜 시간이 아닌데도 불구하고 그 강도는 상상 이상으로 커져 있음을 발견한다.

여울트래킹의 매력

여울은 두려움과 즐거움이 공존한다.
여울은 기분 좋은 고통이다.
여울은 어린 시절로 돌아가 자유롭다.
여울은 편안하다.
여울은 중독성이 있다.
여울에는 생명이 있다.
여울에서 자연의 순응을 배운다.
여울은 사람을 협동하게 한다.
여울에서 옛사람들을 생각한다.
여울은 강을 알게 한다.
여울은 자신을 돌아보게 한다.

자연이 살아 있는 죽도길

5월 말까지도 천반산은 산 벚꽃의 병풍이다. 첩첩산중 계곡수의 수온도 아직 차다. 5월이면 지천에 널린 오디잔치에 시간 가는 줄 모른다.

6월부터 8월까지는 수위를 가늠해야 하는 시기, 장마 끝이라면 차라리 물속에 온몸을 빠뜨리는 것이 시원하다.

9월이면 여름장마가 빚어낸 자연의 설치 작품으로 시각과 촉감이 즐겁다. 두 물이 만나는 곳에 모래언덕은 모래가 더 풍성해졌고, 무거운 호박돌들이 죄다 한쪽에 쌓여 있다. 어느 해는 집채만 한 바윗돌이 없던 곳에 와 있고, 어느 해는 물길이 달라져 옛 물길을 찾을 수 없다.

10월이면 천반산 병풍은 가을 물을 적시기 시작하는데 12월까지도 얼음장 같은 물속에서 여울건너기를 마다 않는 사람들을 간혹 볼 수 있다.

죽도는 또한 살아 있는 생명 박물관이기도 하다.

고개 들어 하늘엔 노상 맹금류가 긴 날개를 펼쳐 비행하고, 눈높이 에선 벌새처럼 빠른 물총새와 물속에서 헤엄치는 물까마귀가 시선을 잡는다.

　강가는 지천에 널린 수달(멸종위기야생동식물 I급 및 천연기념물 제330호)의 발자국과 똥, 다양한 식사메뉴를 증명하는 멧돼지의 똥, 삵(멸종위기야생동식물 II급)의 발자국과 고라니 너구리의 발자국이 이곳의 주인임을 알려 준다.

　물속에선 감돌고기(멸종위기야생동식물 I급)가 피라미처럼 흔하게 노닐고, 이따금 마주치는 낚시꾼들의 그물에선 팔뚝만 한 쏘가리와 꺽지가 눈을 껌뻑이고 있다.

항상 열리지 않는 죽도의 여울길

두어 번의 여울을 건너 넓은 모래사장이 펼쳐진 곳이 구량천 합류점이다. 덕유산 동쪽 골짜기서 발원하여 무주군 안성면과 동향면의 그늘진 계곡을 지나오느라 물이 매우 차다.

여기서부터 금강본류를 따라 내려가면 본격적인 여울트레킹의 시작이다. 시종일관 발목까지 올라오는 물 속 자갈밭을 걸어가는 이색적인 체험이다.

그러나 이 코스를 전적으로 신뢰할 수 없는 것이, 마지막서 도강을 해야 하는데 푹푹 빠지는 모래바닥인지라 깊이를 예측하기 힘들다. 어떤 때는 허벅지까지 어떤 때는 허리까지 어쩌면 그 이상이 될 수도 있는 일. 그래서 아주 가물 때를 제외하고는 이 코스를 선택하지 않았으면 한다.

그렇다면 안전한 코스는 어디인가. 바로 구량천을 거슬러 올라가는 것이다.

하지만 안전한 코스에도 허점은 있다. 이곳은 용담댐 수위변화에 영향을 받는 곳으로 댐이 만수위가 되었을 시엔 구량천 합류점까지 물이 차올라 본류의 도강지점을 찾기 힘들 수도 있다. 평시에는 이 빠진 징검다리가 놓여 있는 여울이라 누가 봐도 도강위치이건만, 모래바닥이 푹푹 빠지는 상황엔 아예 100여 m 상류로 올라가 도강지역을 탐색해야 한다.

한마디로 죽도트레킹을 감행하자면, 두 가지 조건이 충족되어야 함을 알 수 있다. 첫째는 용담댐 만수를 피할 것, 둘째는 장마나 집중 호우 끝에서 시작점 여울의 징검다리 수위를 파악할 것.

사연 많은 죽도

내륙에 웬 섬일까? 원래는 험준한 바위산악지형과 이어져 있는 북쪽을 제외하고는 3면이 금강과 구량천에 맞닿아 있었다. 당연히 사람이 들어가기 힘든 곳이었으므로 섬이란 말이 맞을지도 모른다. 과거에는 대나무가 많아 죽도라 했다는데, 오래전부터 사람이 들어가 화전을 일구고 살아선지 대나무를 찾아보기 힘들다.

죽도는 전라도 사람들에게는 역사적으로 너무나 특별한 곳이다. 1589년 선조 때 개혁을 외치던 정여립이 뜻을 이루지 못하고 기축옥사를 계기로 순결하게 된다. 당시 붕당정치가 드세던 때였으므로 정여립은 관직을 내려놓고 고향인 전주로 내려와 대동계를 만들어 무술을 연마하였고 실제 왜구에 맞서기도 했다. 그러나 이를 역모라 고하게 되자 정여립은 진안 죽도로 대피하게 되고 여기서 최후를 맞게 된다.

이를 계기로 천여 명이 피로 물들여지는 기축옥사가 시작되는데, 이후로 호남 땅을 반역의 고향으로 전락시켜 중앙 관직의 등용에 차등의 획을 긋게 된다. 실제 진안의 통계연보에도 죽도 근처에서 당시의 흔적인 화살촉과 지름 6m의 거대 돌솥이 발견되었다는 기록이 남아 있다.

대부분의 역사는 승자의 기록에 의하다 보니 정여립은 조선 중기에 모반을 꾀한 자 정도로 기록되어, 올바른 역사적 기록을 찾아보기 힘들다. 당시 개혁을 외치던 혁명가였던 정여립에 대한 조명이 전주의 향토 사학자들을 중심으로 새롭게 이루어지고 있다.

구량천을 따라 북으로 올라가다 물길이 동쪽으로 꺾이는 지점에서

병풍 같은 바위에 커다란 구멍이 있다. 삼면만 물에 갇혀 있던 죽도였으나 현재는 이름 그대로 사면이 물에 갇힌 온전한 섬이 되었음을 보여주는 현장이다.

새마을사업이 한창이던 70년대, 개간지를 확보해 농사지을 요량으로 구량천과 금강을 구분하던 병풍바위를 강제폭파하게 된다. 구량천 물길을 금강으로 바로 쏟아지게 하기 위한 것. 그러나 폭파 후 실제 농사가 이루어지진 못했다.

당시 자연을 상대로 자행한 탐욕의 흔적은 지금도 안타까운 모습으로 남아 있다. 한때는 병풍바위에서 떨어지는 폭포의 인공스런 장관에 감탄했을지도 모른다.

그러나 생태복원적 차원에서 다시 구량천 물길을 환원해야 한다는 요구에 고정 보를 설치해 물을 막은 모습은 오히려 억지 땜질 처방으로 보일 뿐이다.

300여 년 전 험준한 이곳에 터를 잡은 파평윤씨는 괭이와 삽으로 4만여 평의 넓은 뜰을 불모지에서 기름진 땅으로 개간했다. 과거 죽도마을은 가막분교까지 있을 만큼 사람들이 살았던 곳이었으나 수몰이 되면서 죽도에 한 집만이 남아 고향을 지키며 살고 있다.

죽도 병풍바위 아래 금강이 용담호 수위의 영향을 받는 이유는 용담호까지 불과 2km도 안 되기 때문이다. 용담댐 수위가 올라와 죽도 병풍바위 앞 금강변이 물에 잠기면 구량천을 따라 거슬러 올라가 장전마을 앞 도로로 나가야 한다. 그러나 가뭄에 금강변 자갈밭이 송송이 드러나면, 죽도 병풍바위 아래로 내려가 금강 우안을 따라 죽도마을 혹은 내송마을 입구 도로로 나갈 수 있다.

용담댐

죽도트레킹을 마치고 용담호를 따라 용담댐에 들러 보자.

우리나라 댐 저수량의 순서를 열거하면 소양강댐, 충주댐, 대청댐, 안동댐, 용담댐 순으로 용담댐은 5위를 차지한다. 이토록 큰 저수량을 갖는 이유는 산이 높고 골이 깊은 진안고지에 자리하여 저수면적당 물그릇이 깊기 때문일 것이다.

처음 용담댐이 만수되는 데는 7년이 걸린다고 했으나, 완공 1년 만인 2002년에 발생한 태풍 루사, 그리고 2003년 매미로 1년 만에 1개 면, 5개 읍이 일시에 수몰되었다. 용담호 수몰지역은 진안군 용담면, 안천면, 정천면, 주천면, 일부 상전면, 진안읍 일부 등 1읍 5개 면으로 진안군 단일 군 내에 있는 호수이다. 조성 당시 내몰린 진안의 수몰민들은 대부분 전주나 대전 등으로 이주하는 바람에 진안군은 줄어든 인구수를 늘리고자 지금도 적극적인 인구유입정책을 꾀하고 있다.

금강에 용담댐의 왜 만들어졌을까. 전라북도 전주·완주·김제·익산·군산시는 만경강유역으로서 너른 평야가 잘 발달한 반면, 예부터 늘 물이 부족했다. 이에 전북은 금강 상류의 전라북도 진안에 댐을 만들어 농업과 공업용수를 공급받자는 계획을 세워 2001년 용담댐을 완공하게 되었다.

용담호에서 취수한 물은 너비 3.2m, 길이 30여 km의 도수터널을 통해 고산발전소로 이동하게 되는데, 농업과 공업용수로 사용하고 남은 1급수에 가까운 물은 만경강의 희석수가 되는 셈이다. 용담댐은 금강에서 만경강으로 유역변경식 댐이 되는 것이다.

물론 2001년 담수를 앞두고 전북과 충청권 간의 용담댐 물배분과 관련한 물 분쟁이 심화되었다. 당장 초당 11.9톤의 물이 만경강으로, 초당 8.7톤이 금강으로 방류되었을 때 용담댐 이하는 수량감소로 인해 나타날 수 있는 다양한 변화를 예상하지 않을 수 없기 때문이었다.

생태적인 변화만 보더라도 만경강은 높아진 수위로 인해 다슬기 채취가 안 된다거나, 낮아진 수온으로 인해 하천생물의 생장에 둔화를 가져와 산란에도 영향을 미친다. 또 빨라진 유속은 수변 및 부엽식물이 자라지 못하게 되는 등 생태계에 전반적인 영향을 미친다.

더 크게는 용담댐의 만경강 방류량을 늘리면, 만경강수질이 많이 개선되어 궁극적으로는 새만금의 수질까지 영향을 준다.

반면 용담댐 이하 금강 수계는 수위가 낮아져 여름은 차갑고 겨울은 따뜻해진다. 자연의 섭리라면 여름은 수온이 높아지고 겨울은 낮아져야 하거늘, 웬만해도 강이 얼지 않음은 지온의 영향을 받는 까닭일 수 있다. 때문에 오랜 세월 유지되어 온 생명의 유전자는 수온의 변화에 혼란을 겪을 수밖에 없는 것이다.

용담댐 완공 이후 지난 10여년은 용담댐 이하 금강과 유역 민에게 참으로 많은 변화를 가져왔으니, 이는 다음 무주 금산을 흐르면서 차차 이야기하도록 한다.

섬바위에서 감동마을길

용담댐을 내려온 물이 심하게 굽이돌면서 섬바위에 접어든다. 섬바위는 강 한가운데 커다란 바위섬이 기암절벽의 형태로 우뚝 서 있고, 그 위에는 소나무들이 기개 있는 모습으로 자라고 있다. 그 모습이 하도 절경이라 애국가의 배경그림으로 나왔을 정도인데, 바라보는 방향에 따라 서로 다른 섬바위의 모습을 보여 준다.

원래 용담댐이 생기기 전에는 천연의 모래가 두툼하게 쌓였던 유원지였다. 그러나 지금은 상류에서 토사가 내려오지 않으니 옛 모래사장의 영화를 대신해 인조 마사토를 깔아 놓았다.

이제 섬바위에서부터 우안의 산길을 통해 감동마을까지 걸어간다. 이 길은 이전에 감동마을사람들이 안천으로 시장을 다니던 길이었는데, 교통이 발달한 이후 사람들에게 잊힌 상태였다.

그러나 걷기열풍이 불고 길의 정비와 조성이 붐을 일면서 이 길도 다시 사람의 발길이 이어지는 길이 된 것이다. 산길엔 안전을 위한 지지대와 밧줄 등이 설치되었고, 사람 한 줄 다닐 수 있는 폭으로 말끔히 정비했다.

길이 복원되기 전인 2010년 봄, 이 길을 통해 감동마을에 접어들자 밭을 매던 마을의 어르신이 어디서 오냐고 물어 오신다. "저 길을 따라 강을 내려왔어요." 하자, "아이구 거긴 길도 없는디, 우리 젊었을 때 안천에 시장 보러 가던 지름길이었는디, 지금 사람이 다닐 수 있남?" 하셨다.

오랫동안 사람 발길이 없던 곳이라 진귀한 야생화가 발에 밟힌다. 4월의

산기슭에서 피어나던 것들은 산괭이눈, 현호색, 거미고사리, 산괴불주머
니, 앉은부채, 빗살현호색, 점현호색, 산자고, 부처손, 애기감둥사초, 할미
꽃 등 다양하다.

　과거 감동마을은 마을 앞에 펼쳐진 금강의 백사장에서 강수욕하기 좋았
던 마을이었다.

　용담댐 계획은 이미 일제강점기 때부터라는데, 댐의 원 위치가 감동마을
이라 했다. 아마 그리 되었다면 감동마을은 물론이고 금산 남일면으로 넘
어가는 솔고개까지 물이 차, 용담면 일대는 전부 호수가 되었을지도 모를
일이다.

　다행히 그 계획이 비껴가는 바람에 감동마을이 살아남을 수 있었지만,
마을 앞에 제방을 높게 쌓아 올림으로 해, 금강을 바라보는 경관이 사라지
고, 수량도 감소하여 모래층이 사라지면서 더 이상 과거의 감동마을을 기
대할 수 없게 되었다.

무주

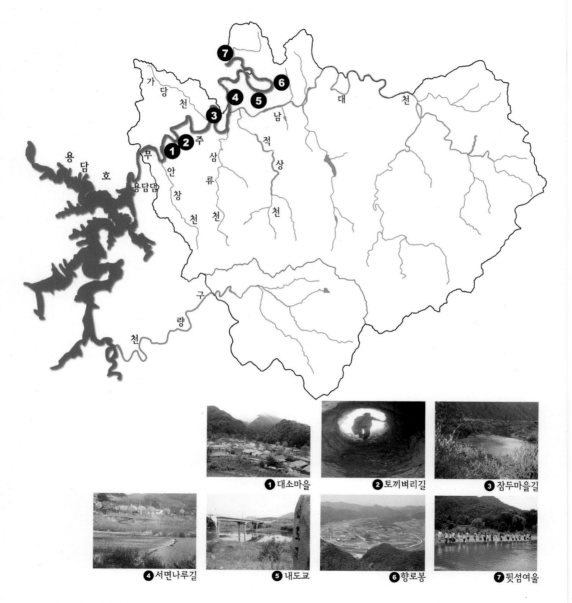

① 대소마을 　 ② 토끼벼리길 　 ③ 잠두마을길

④ 서면나루길 　 ⑤ 내도교 　 ⑥ 향로봉 　 ⑦ 뒷섬여울

무주생태관광, 덕유산 중심에서 이제는 금강으로

무주는 산과 계곡과 강이 청정한 곳으로 알려지고 자연경관이 뛰어나 관광 산업이 일찍 발달했다.

덕유산을 중심으로 한 산행과 휴양 스포츠문화가 주를 이루고 있었으나, 최근 자연생태분야에서 보존가치가 우수한 생물종에 대한 관심이 높아지면서 무주의 반딧불이가 무주를 청정 친환경의 고장으로 이미지화하는 데 크게 공헌하였다.

이미 2002년부터 무주군 설천면 일원의 반딧불이와 그 서식처가 천연기념물 제322호로 지정되었고, 문화체육관광부 우수축제로 지정된 무주 반딧불축제가 생태관광상품으로 인정받았다.

반딧불이는 무주군 설천면 일원에 국한하지 않고 무주 관내 금강 전역에 서식하므로, 반딧불이 보존지역을 통해 금강에 대한 관심이 고조되고 있는 상황이다.

무주의 금강은 여울과 소·하중도가 잘 발달했고, 갈대와 버드나무 군락 등 하천식생이 우수하다. 그리고 반딧불이가 먹이로 하고 있는 다슬기가 풍부하므로 운문산반디, 애반디, 늦반디불이가 안정적으로 서식할 수 있는 천혜의 환경을 자랑한다.

무주마실길

생활수준의 향상과 더불어 여행 문화와 건강에 대한 관심이 높아지면서 역사 문화와 환경 생태에 대한 체험 활동이 증가하고 있다. 역사문화유적과 자연생태환경을 중심으로 하는 여행은 이동 방법에 있어서도 차량이 아닌 도보와 자전거를 이용하여 탐방하는 형태로 변하고 있다. 신체와 정신을 건강하게 하자는 웰빙 열풍과 함께 슬로우 라이프를 지향하면서 느리고 여유 있는 삶에서 전통과 문화와 환경의 가치를 되찾고 있는 것이다.

전라북도는 일찌감치 예향천리마실길 사업을 시작했다. 여기에는 산길, 숲길, 강길, 해안길, 고갯길, 마을길 등을 주요 자원으로 하는데 인위적으로 조성하는 것이 아니라 기존의 길을 활용한다. 또한 옛길과 고갯길, 벼랑길, 여울길 등을 친환경적으로 복원함을 원칙으로 한다.

그리하여 그 길에 서려있는 역사와 문화 그리고 사람 사는 이야기 등을 발굴해 길에 대한 이해를 돕고 탐방객으로 하여금 느끼고 배우고 체험하게 하자는 데 목적이 있다.

금강이 무주관내를 흐르는 거리는 총 30km이다. 무주의 금강길을 따라 걷는 금강 마실길은 도소마을부터 서면마을까지 19km에 걸쳐 있다. 무주 내 금강의 길이가 30km인 데 반해 금산시작점과 진안끝점의 직선거리가 11km인 걸 보면, 얼마나 실타래처럼 구불구불하게 휘어졌는지 알 수 있다.

따라서 전국의 많은 이야기 길들이 나름의 테마를 갖고 조성 운영되고 있지만, 무주 마실길은 아주 심한 감입곡류 하천으로 인해 다양한 길의 주요 자원 외에도 육지 속 섬마을에 관한 이야기가 많다. 각각의 길들은 오랜 세월 동안 강 마을 사람들이 강과 함께 울고 웃었던 삶이 배어 있고, 그 자체가 문화가 되었음을 말하고 있다.

따라서 무주마실길을 통해 무주 강마을 사람들의 역사를 이해하고 무주의 강을 바라볼 수 있어야 할 것이다.

환경부에서 조성하는 생태문화탐방로는 아름다운 자연자원과 생태적 배경을 가진 문화 역사자원을 보다 쉽게 찾고 즐기고 체험할 수 있도록 조성된 도보 중심핵 길을 의미한다.
이 길의 기본 유형은 산길과 숲길, 하천 위주의 강길 등을 골자로 하고 있다.
최근 제주올레기로가 지리산둘레길의 성공 이후, 정부와 지자체를 중심으로 지역이 가진 풍부한 역사 문화자원의 테마를 발굴하고, 도보 길을 따라 자원을 재구성해 스토리텔링을 가미한 걷기 좋은 길이 경쟁적으로 조성되고 있다.

유평마을과 덤덜

진안의 감동마을을 벗어나면 무주에 접어든다. 대송로를 따라 유평마을까지는 강을 내려다보고 걷는 고갯길이다.

강 아래 강변버드나무 숲 오솔길로 들어가노라면, 여기야말로 자연하천 구간의 전형을 보여 주는 습지임을 실감하게 된다. 물을 만나 길이 끊겨 다시 나와야 하지만, 가까운 곳엔 수줍게 숨어 있는 세월교가 보인다.

이 정겨운 세월교에 앉아 물속에 발 담그고 앉아 있노라면 자연과 물소리에 취해 시간 가는 줄 모른다. 이곳은 한밤중이면 개똥벌레 세상이 되는 반딧불이 보전지역인 것이다.

유평마을 앞의 금강둔치는 유평습지공원으로 탈바꿈했다. 물길을 끌어

수로를 만들어 인공습지를 만들고 인공화단과 산책로를 조성했다.

그러나 매년 여름 큰물이 들왔다 나가면 화단에 식재된 초본 류가 유실되어 잡풀만 무성하니 화단에 적힌 꽃 이름이 무색하다.

과거에는 강가에서 유평마을 청년들이 마을단위의 족구도 하고 씨름도 하던 화합의 장소였다지만, 지금은 습지공원을 조성한다 한들, 사람 없는 시골마을에서 이용할 일 없다고 주민들은 이야기한다.

무주의 두 번째 세월교를 건너 덤덜을 걷는다. 물길이 돌면서 생겨난 들, 덤으로 생겨난 들판이라는 뜻의 사투리다. 4월엔 지천에 피어난 할미꽃이 발에 밟힐까 봐 걷기가 미안할 정도다. 강 우안에 대문바위가 강물에 발을 담그고 있는데, 정수리엔 낙락장송 천년 소나무를 얹고 있다. 그 옛날 대문을 달아 마을출입을 통제했다고 하는데, 바위 밑 소의 물색이 시커먼 것이 과연 이무기와 얽힌 전설이 있을 법도 하다.

대소마을과 토끼벼리길

덤덜교를 건너 무주읍 부남면사무소 소제지인 대소마을에 접어든다. 대소는 여울이 깊다는 뜻이다. 소박한 정자 옆엔 둥구나무가 소지를 꿴 금줄을 두르고 마을중앙에 서 있다. 반딧불이가 사는 청정지대 부남의 밤하늘에서 더 선명히 빛나는 별을 감상할 수 있도록 면사무소 옆에는 천문대도 갖추고 있다.

대소마을 시골정취 풍기는 골목길을 따라 깊게 들어간다. 구수한 술 익는 냄새가 골목을 채웠을 듯한 양조장도 문 닫은 지 오래다. 산비탈에 자그마한 예배당은 키 큰 참나무가 늘 그늘을 주는지라 바닥은 온통 초록의 이끼투성이다. 마을 뒤 산언덕에 과수원 길을 지난다. 계절마다 과수원 밭길을

따라 맥랑의 물결을 만나고, 사과꽃 복사꽃에 취하고, 탐스런 복숭아와 사
과에 군침 흘리다 보면, 드디어 토끼벼리길에 도착한다.

부남의 국도에서 내려다보면 금강의 물길이 한반도 지형과 닮은 모습을 하
고 있다. 토끼벼리길은 한반도지형의 두만강과 압록강에 위치한 셈이다.
동해에는 봉길마을이 있고, 남해에는 버드나무가 풍부한 한티습지가 있으
며 서해에는 율소마을이 위치해 있다. 세종시 즈음 되는 곳에 하중도가 몇
개 있다.

토끼벼리길은 과거 하류의 굴암마을에 사는 돈 많은 과부가 농수로를 만들어 물을 끌어 쓰고자 바위절벽을 일일이 정으로 쪼아 낸 것이 그 시작이라 한다. 워낙 험준한 지형에 낙석의 위험이 도사리고 있는 곳이라 주민들의 기억 속에서 사라진 지 오래였다. 사람 한 명 지나갈 폭에 절벽 아래는 시커먼 물속이다. 이따금 부서져 내린 바윗돌 위에 똬리 튼 뱀이나 도마뱀이 낮잠 자는 모습도 보인다. 시어머니와 며느리의 서글픈 전설이 서려 있는 각시바위와 그 속에 너비 1.5m, 길이 10여 m의 구멍을 둥글게 뚫어 낸 길도 토끼벼리길의 명물이다. 봄이면 바위틈 곳곳을 비집고 피어 있는 진달래의 향연도 아름답다.

무주마실길의 백미 잠두마을길

금강이 그리는 물길이 누에의 머리를 닮았다 하여 이름 붙여진 잠두마을은 육지 속 섬마을이나 진배없다. 25년 전 자그마한 세월교가 놓이기 전만 해도 마을사람들은 여울을 건너거나 나루를 이용해야 했다. 잠두마을을 휘고 도는 강 건너 길은 옛 금산과 무주를 오가던 사람들의 신작로로서 바위산 벼랑을 깎아 큼지막한 길을 내었다. 무주 금강변의 지도를 펴 놓고 다리와 도로를 다 지우고 나면, 금강변 옛길을 유추해 보기 쉽다.

4월 말이면 2.7km에 걸친 잠두마을길은 온통 꽃 잔치가 벌어진다. 바위절벽엔 복사꽃이, 강길은 벚꽃터널이 장관을 이루고, 사이사이 조팝꽃까지 가세해 가히 꽃 천국이 따로 없다. 게다가 천 길 낭떠러지 강

변은 연둣빛 버드나무들이 한창 물오르고 있어 봄처녀의 마음을 간지럽힌다. 눈높이를 더 낮게 하면 기린초, 솔나물, 파드득나물, 금창초, 패랭이, 다닥냉이, 빗살현호색과 댓잎현호색, 장대나물, 짚신나물 등 풀꽃에 관심 있는 이들에겐 눈이 더없이 즐겁다.

전국 팔도를 누비고 신 택리지를 쓰신 신정일 선생님은 우리 땅 남쪽에서 꽃전선이 올라가는 즈음에 전국의 5대 강 가운데 가장 아름다운 꽃길이 바로 금강의 잠두마을길이요, 4월 넷째 주 일요일이면 우리땅걷기 카페 회원님들의 도보여행지로 일찍이 점찍어 놓는 곳이 바로 잠두마을길이라 하였다.

잠두1교에서 잠두2교까지 5km에 걸쳐 하중도와 버드나무 갈대둔치 등이 잘 발달한 데다 반딧불이보호구역도 있어 생태적으로나 경관적으로 뛰어난 금강 속 무주마실길의 으뜸구간이 아닐 수 없다.

그러나 이곳에도 눈살을 찌푸리게 하는 것들이 있으니 바로 ATV 차량들. 사색하듯 취해 걷던 오롯한 길이지만, 귓가에 들리는 하나 둘 하나 둘

래프팅의 구령은 차라리 신선하다. 사람들의 구명 조끼와 보트가 빚어내는 형광색이 물빛과 묘한 대조를 이루며 눈과 귀를 심심치 않게 하는 것까지는 그렇다 치지만, 줄 지어 굉음을 내고 몰려오는 ATV 군단 앞에서는 더 이상 이곳이 오롯한 길이 아니라는 것을 실감하는 순간이다. 더욱이 사진 찍기 좋은 뷰포인트라고 지정해 놓은 쉼터에서 엔진을 끄지 않고 함께 쉬어 가자면, 그 소음과 진동을 참아야 하는 시련이란 소란한 장마당이 다름없다.

진정 지속적으로 사랑받는 마실길이 되기 위해서는 조금씩 아껴 먹는 벽장 속 곶감처럼 한 걸음 한 걸음 나아갈 때마다 아까워 뒤돌아보는 그런 길이 되어야 할 것이다.

잠두마을길에서 내려와 작은 세월교를 건너 보자. 300년 느티나무 아래에는 주민들이 튼튼한 다리를 세워 주신 박정희 대통령께 고마움을 표한 돌비가 서 있다. 경직된 듯 정자 문체의 글 속에서 다리가 없던 시절에 가난을 운명으로 알고 살았던 주민들의 삶이 얼마나 깊었는지 가슴 뭉클해진다.

금강이 요대를 닮은 외요대길에서 용포교까지

잠두마을 세월교를 건너 좌안의 외요대길로 접어든다. 무주하면 사과라더니 사과과수원이 흔하다. 너른 자갈밭이 펼쳐진 것을 보면 강이 곡선으로 휘어 돌면서 자갈을 퇴적해 놓은 것이다.

외요대라는 이름은 마을 뒤에 옥녀가 베틀에 앉아 있는 형상인 옥녀봉이 있고, 베 짜는 옥녀의 허리를 감고 있는 혁대, 즉 요대의 형상을 하며 금강이 지나가기 때문이란다.

요대마을을 빠져나오면 용포교를 만나 잠시 강 위로 올라온다. 용포교 주변엔 참 다리도 많다. 일제강점기에 세워진 낡은 용포교와 이후에 국도가 만들어지면서 세워진 용포교, 그리고 대전통영고속도로를 잇는 용포교 총 세 개가 거미줄처럼 드리워졌다. 물론 다리가 없던 시절엔 이곳이 소이진나루였다. 금강좌우안을 왔다 갔다 하며 배로 사람과 버스도 실어 나르던 금산과 무주를 잇는 중요한 길목이었다. 소이는 뱃사공이 "배가 곧 떠나니 빨리 오시오." 하면서 배를 탈 사람을 부르는 의미를 담고 있다.

다시 햇빛을 본 서면나루길

이제 서면마을로 가기 위해 좌안의 목도 계단을 따라 내려간다. 바위절벽을 깎아 만든 이 길은 우마차도 다닐 만큼 영화를 누렸던 신작로였으나 흔적은 간데없다. 최근 정비하기 전까지는 낙석이 바닥에 뒹굴고 잡목이 빼곡히 자라던 험악한 곳이었다. 지금 절벽길 따라 걷노라니 절벽에는 바위손이끼, 매화말발도리, 은행잎조팝나무, 방울빗짜루, 바위솔, 구릿대, 와송 등이 길손을 반긴다. 덕유산 무주구천동에서 내려오는 남대천이 금강에 합류하는 모습이 보인다. 남대천은 덕유산을 감싸는 무풍면, 설천면, 적상면과 영동의 용화면을 받아들여 92km를 흘러왔다. 남대천 합류점 우안에 서면나루 마을 풍경이 보인다. 서면나루가 있었던 대차마을은 과거 소이원이 있었고, 금산과 무주를 잇는 가장 큰 나루였다. 교통의 요지로서 물산이 모이고 여러 채의 주막이 길손을 맞아 흥청대던 곳, 버스를 배에 실어 나르던 곳이었다.

강과 근접해 좌안의 자갈밭으로 걸어간다. 힘차게 흘러가는 강물은 무주의 마지막 세월교를 지나 정면에 보이는 갈선산 줄기에 부딪혀 금산군 큰 방우리로 꺾여 오른쪽으로 휠 것이다.

세월교 즈음에서 강물을 본다. 비록 용담댐으로 인해 수량이 감소하여 무주의 강변이 모래는 사라지고 잡풀이 우거졌고, 호박돌은 한꺼번에 방류한 담수로 허연 먼지를 뒤집어쓰고 누워 있지만, 맑고 차가운 남대천 물을 양껏 받아들여 그 아쉬움과 부족함을 채우는 듯했다. 문득 세월교 한 귀퉁이 잔잔한 물속에서 노니는 멸종위기보호종 감돌고기 떼들의 유영이 무주의 물속 세상은 아직 편안하다 말해 주는 듯하다.

금강의 레저시설

무주군에서는 부남면 대소리와 굴암리 일대를 반딧불이 보존지역으로 지정하고 수변보호구역 내에서의 오염물 투기나 불법적인 자연훼손 행위 등을 금하고 있다. 그러나 실제 이곳의 사정은 군의 의지와는 많이 다르다.

옥천의 금강휴게소, 금산 부리면 신촌리에서 행해지는 금강레저시설은 무주로 올라와 그 숫자가 늘었다. 금강에서 래프팅을 하고, 강 둔치와 강길에서 오프로드 자동차인 ATV를 줄 지어 타고, 강 버드나무 숲에서 클레이 사격을 한다. 둔치에서 행하는 허가받지 않은 영업행위는 수질을 오염시키고, 강변에 쓰레기와 폐기물을 방치하며, 둔치를 점용해 자연생태가 훼손되는 것을 눈 감고 있다. 이를 관리 감독해야 하는 지자체에서는 허가만 해 주고 관리를 소홀히 하고 있는 격이다.

용담댐 건설 이후 수량이 줄어든 금강에서의 래프팅은 여울 속 어류의 산란처를 파괴하고, 갈대와 버드나무 둔치를 훼손하며, 달리는 ATV 차량은 여울지대와 물속 바닥까지 유린하며 바큇자국을 낸다. 강길은 이들이 낸 깊은 바큇자국에 물웅덩이가 만연하고, 오롯하고 조용해야 할 강길은 느닷없는 굉음과 함께 몰려오는 ATV 차량대열에 한쪽 옆으로 비켜 줘야 한다.

반딧불이 서식처에서의 생태관광과 레저관광 중 무엇을 선택해야 할지 의문이 아닐 수 없다.

생태관광의 활성화와 트레일 코스가 급속히 증가하면서 기존의 참가자들이 어떤 의식과 태도의 변화 없이 참가하는 경향이 많고. 이들을 제한하지 않고 조건 없이 다 받아들이기 때문에 생태적으로 보존이 잘 된 관광지는 기존의 대중관광지보다 오히려 환경파괴가 더 심각하다. 또한 중앙정부나 지자체는 자원개발과 이용에 초점을 맞추고 있어 자원을 보전해야 함에도 불구하고 자원을 활용하여 지역소득을 증대시키려는 데 초점이 있다.

따라서 관광지의 자연·문화·환경의 보전 유지에 공헌하고. 교육적·해설적 요소를 포함하여 참여자들로 하여금 환경에 대한 부정적 영향을 최소화할 수 있는 교육적 효과를 제공하는 것은 매우 중요하다.

한많은 내도리

이중환의 택리지에 용담, 금산, 무주, 장수 네 고을 사이에 전도 후도 죽도
라는 세 섬이 있어 경치가 좋다고 했는데, 전도와 후도가 바로 이곳이다.
무주읍내 북쪽 향로봉 너머로 금강이 지나면서 안섬과 뒷섬마을을 만들었
다. 안섬과 뒷섬은 무주에서 바라봤을 때 금강 안에 있어 안섬, 내도, 전도
라 칭했고, 금강 뒤에 있어 뒷섬, 외도, 후도라 칭했다. 이들은 모두 육지 속
의 섬마을이라 해서 섬자가 붙은 것이다.

　소설가 박범신은 23세의 젊음을 무주의 초등학교에서 지내며
무주를 문학적 자궁이라 표현했고, 느끼는 은혜의 절반은 내
도리의 자연에서 받은 것이라 했다. 내도리는 고리자로 휜
물길의 지형이 안동 하회마을 예천 회룡포와 같은 모습
인데 무주고등학교 뒤 숲길로 난 향로봉에서 그 전경을
담을 수 있다.

무주와 영동을 자동차로 내달음할 수 있는 도로와 다리가 생기기 전, 휘도는 강물이 내륙과의 소통을 막으니 육지 속의 앞섬·뒷섬 사람들의 삶은 고달프기만 했다. 주민들의 땀과 의지로 이 마을이 터를 잡은 지 400여 년, 나룻배로 강을 건너며 가난을 숙명처럼 살아온 섬마을 사람들에게는 영원히 가슴에 묻어 둔 아픈 일화가 있다. 마을에 드는 내도교 아래에 그들의 비화가 비석에 쓰여 있는데, "비가 온다. 물이 불면 어쩔까. 하늘만 쳐다보았다."라는 어린이 일기 중 한 대목이다.

1976년 장마가 시작되는 6월의 어느 날, 비가 올 것이라는 예보에 내도리가 집인 아이들은 물이 불으면 아예 강을 건널 수 없기 때문에 일찍 귀가를 했다. 배에 올라탄 18명의 아이들은 갑작스럽게 밀려온 급류에 휘말려

전복되고 만다. 애타게도 18명의 어린 학생들은 유명을 달리하고 말았는데, 묘비에 삼남매가 모두 적혀 있을 정도였다. 이후 다리가 놓였고 시인 모윤숙님은 그 아픔을 달래고자 '가신 영들께'라는 시를 써서 바쳤다.

허리 구부리고 얕은 물에 발목 담그고 다슬기나 잡을 것 같은 저 강에서 어떻게 그런 일이 일어났을까 의문이 든다. 그러나 물은 화마와 같아서 평시에는 장딴지를 간질이며 온화하게 흘러가는 여울이라도, 순식간에 집채만 한 명석 물이 되어 두려움으로 변하는 존재인 것이다. 이런 불안함과 위험부담을 늘 안고 살아야 했던 내도리 사람들, 특히 어린 학생들에게는 기상상태는 일기장 속에서도 걱정하는 매일의 관심사였을 수밖에.

가신 영들께

－모윤숙

세찬 물결 달려와
그 귀한 목숨을
삼켜 갔으니

엄마
숨차게 허덕이다가
애처롭게 사라져 간
넋들이여

어디 가서 만나리
그 웃는 얼굴들
지나는 나그네
두 손 모아 비옵나니

하늘의 꽃이 되어
그 웃음 이어 가고
푸른 별 되어
영생하시옵소서

뒷섬주민들의 안전한 학교길

무주에서 강을 한 번 건너야 들어가는 내도리와는 다르게, 외도리 사람들은 아예 강을 건너지 않고 무주로 나갈 수 있는 방도를 강구했다. 바로 향로봉 아래 바위를 깎아 벼룻길을 내어 산을 넘어 학교를 갔던 것. 학교길역시 지금껏 잡목과 낙석 등 방치된 채 화석처럼 남아 있었다. 무주읍내에서 학교길을 통해 외도리로 들어오는 방법으로는 무주고등학교 뒤편 향로봉에서 내려오는 길과 북고사 전방 250m 밭에서 내려가는 길이 있는데, 학교길은 외도리입구인 외도교에서 끝이 난다.

학교길의 5월은 한창 봄꽃이 왕성하다. 왕삿갓사초, 참새귀리, 좁쌀냉

이, 각시붓꽃, 좀꿩다리, 병꽃나무, 좀개갓냉이, 산뚝사초, 콩제비꽃 등이 곤충을 불러 모으고 있다. 사람의 길인지 동물의 길인지 모르도록 삵, 너구리, 담비, 고라니의 똥이 산재해 있다. 금강물길의 5월 풍경은 연둣빛 새잎과 분홍 진달래가 어우러진 아름다운 열두 폭 병풍이다.

　　주민들은 학교길 건너편의 내도리 강가에 넓게 펼쳐진 백사장유원지를 기억한다. 지금은 자갈돌로 가득 메워진 강변이지만, 모래층이 일부 남아 있다. 모래 위를 맨발로 걷자 제안하면, 사람들은 서슴없이 신발 벗는 것을 마다하지 않는다. 볕이 좋은 날에는 모래가 뜨겁게 달궈져 깡충깡충 토끼처럼 뛰어 얼른 물속에 데워진 발바닥을 식히곤 한다.

뒷섬

예까지 왔으니 뒷섬생태체험마을의 어르신들께서 해 주시는 밥을 얻어 먹어 본다. 강마을의 식단은 분명 다름이 있다. 마주조림, 다슬기볶음, 올갱이국 등 강변식단이다. 계절에 따라 지역의 산물인 복숭아와 거봉 포도를 아주 싼 산지 값에 사 올 수 있다.

　금강을 찾은 이들이 금강에 면한 지역경제에 활성화 측면에서 체험 마을의 식사와 농작물을 구매하는 것은 금강트레킹의 또 하나의 즐거 움이다.

　뒷섬, 즉 후도리에서 농원방우리로 가기 위해서는 여울을 건너야 한 다. 금강 물은 용담댐에서 전라도에 떼어주고, 큰 방우리 지나 구시소 소수력발전용 물로 떼어 주고, 여분의 물이 내려오는 작은 여울이다.

　뒷섬 여울목은 저자가 설정한 금강 소1경으로 언제나 맞이하는 강변 풀 뜯는 소들이 정겹다.

금산

제4장

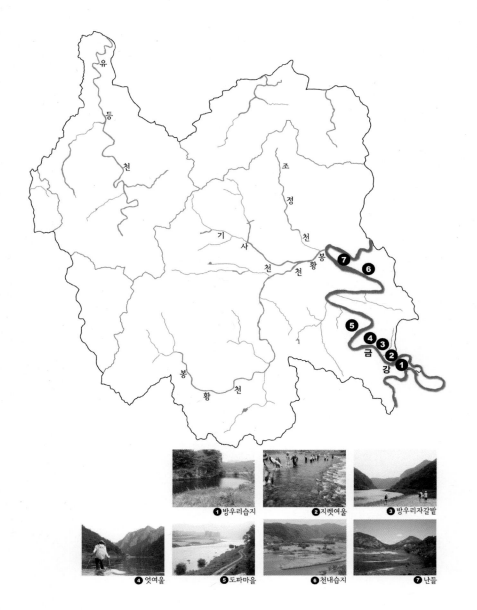

유

등

천

조

정

천

기

사

천

천

황

봉

7

6

5

4

3

2

1

금

강

봉

황

천

❶ 방우리습지

❷ 지렛여울

❸ 방우리자갈밭

❹ 엇여울

❺ 도파마을

❻ 천내습지

❼ 난들

금강은 환경교육의 장

금산 관내 금강의 길이는 총 27km, 비단錦자 이름처럼 전구간이 금강의 수려한 모습을 하고 있다.

방우리—수통리 구간 9km, 용화리—천내리 구간 10km 등은 비교적 훼손이 덜 된 자연 그대로의 모습을 유지하고 있을뿐더러 습지 또한 잘 보존되어 있다.

금강 전 구간이 그렇지만, 특히 금산에서의 금강트레킹은 금강의 역사와 문화, 생태와 환경, 자연체험이라는 다양한 주제를 동시에 만족시키는 곳이다. 바로 환경 교육적 효과를 극대화할 수 있는 환경교육장 그 자체인 것이다.

환경교육장

야외에서 가르치고 체험을 하는 장소를 활용한 환경교육은 환경에 대해 알고 있는 것과 행동하는 것을 연결하는 실천을 통해, 환경과 보다 조화로운 생활방법을 갖도록 하는 것이다. 또한 자연에 대한 소중함을 깨닫고 환경적 삶의 질을 향상시키는 데 도움을 준다.

강과 하천이 교육적 잠재력이 매우 높은 곳인 이유는 강과 하천은 비교적 공공적인 성격을 가지고 있으며, 접근이 용이하고, 자연환경이 풍부하여 자연관찰학습이나 체험학습을 통해 교육적 효과를 높일 수 있으며, 실제 환경에의 접촉을 통해 환경문제를 직접 확인할 수 있기 때문이다.

농원방우리 들어가는 세 가지 길

농원방우리로 들어가는 길은 총 세 코스가 있다. 첫 번째는 뒷섬마을에서 여울을 건너 바위산 고개로 올라오는 길, 두 번째는 내도교에서 내도리 좌안의 제방을 따라 상류로 거슬러 올라와 선바위까지 오는 길, 세 번째는 무주 서면나루 끝에서 도강하여 큰방우리로 들어와 선바위까지 오는 길이다.

　세 코스 모두 각각 금강이 휘어 도는 물줄기를 서로 다르게 만끽하면서 걸을 수 있는 구간이다.

　첫 번째 코스는 뒷섬마을 앞 여울을 건넌 뒤 산밭을 지나 낮은 산행을 해야 하는데, 아직 길의 정비가 완전하지 않아 주변지리를 잘 아는 사람의 안내가 필요하다.

두 번째 코스는 내도교에서 칠암바위 앞을 지나 비포장 제방도로를 따라 오는데 어쩌다 자동차라도 지나가면 그 먼지를 다 뒤집어써야 한다.

혹은 제방 아래 넓은 배후습지에 있는 옛 강변길을 따라 걸을 수도 있다. 키 큰 미루나무들의 그늘 아래를 지나 아름드리 밤나무 숲에서 쉬기도 하며 흙길을 걸어오면, 선바위 들기 전에 금줄 두른 방우리 선돌이 맞이한다.

세 번째 코스는 서면나루에서 물길을 따라 3.5km 하류에 있는 큰방우리를 통해야 한다.

큰방우리마을로 들어가려면 과거에 섶다리가 있던 품을소 여울에서 도강을 해야 한다. 여기엔 강 건너 대차리에 농사를 지으러 다니는 철선이 아직도 그 기능을 하고 있는데, 사전에 미리 큰방우리 사공에게 연락을 취해 놓아야 한다. 사공은 마을사람들이 돌아가며 담당하고 있다.

큰방우리는 세월이 정지된 듯 아늑한 강마을의 정취가 느껴진다. 산밭은 있되 논 하나 없는 큰 방우리 마을이다.

과거 마을 앞 백사장의 길이는 1km이었다 하는데, 지금은 강가에 느티나무 노거수만이 세월의 무게를 견디고 외로이 서 있다. 강 건너는 바위 절벽이 병풍을 치듯 장관이다.

큰방우리를 나오면 선바위 혹은 촛대바위라 불리는 바위가 서 있다. 마을의 둥구나무나 장승과 같은 역할을 하는 바위인데, 근대화의 상징인 새마을운동 표시도 정겹고, 주변 선돌의 금줄도 반가이 길손을 맞는다.

강에는 구시소에서 소수력발전소의 물을 취수하기 위하여 물을 막은 콘크리트 보가 넓게 드리워졌다. 이 보로 인해 구시소 주변의 많은 여울과 소들은 자취를 감추었다. 과거엔 다양한 물고기들의 천국이었지만 벌흙을 가득 담고 있는 저수지가 되어 버렸다.

물을 담고 있는 대형 보 한가운데의 어도에서 내려오는 물줄기는 힘차지만, 작은 물고기가 어도를 이용해 올라갈 수 있을지 궁금하다. 안 그래도 용담댐으로 인해 수량이 적어진 내도리 앞 강변은 소수력발전소의 취수보가 또 물을 끌어가는 바람에 엄청난 변화를 가져왔다. 수량은 현저히 줄어 수질은 악화되었고, 강변은 모래밭이 사라지고 잡풀로 황폐되었다.

농원방우리로 가기 위해 자동차 하나가 지나갈 만한 경사 높은 도로를 올라간다. 고개 정상에서 한쪽으로는 큰방우리에서 흘러온 금강이 내도리로 향해가는 것을, 다른 한쪽으로는 외도리에서 흘러온 금강이 농원방우리로 향해가는 것을 볼 수 있다.

금강이 내도리 반도를 한 바퀴 도는 모양을 유추하게 하는 두 개의 경치가 가히 절경인지라 금강홍보영상에 자주 등장하는 장소들이다.

좁은 고갯길을 따라 내려가면서 지금도 전력을 생산하고 있는 ㈜청풍에너지의 소수력발전소 기계음 소리가 요란하다.

운 좋으면 낡고 허름한 전통적 집배원 가방을 메고 자전거로 편지와 이웃소식을 전하시는 박상식 집배원을 만날 수도 있다. 이분은 금산 부리면에서 예까지 자동차가 없던 시절부터 지금껏 방우리마을을 다니셨기에, 방우리의 역사와 가가호호 내력을 소상히 알고 계시다. 여울을 건너거나 걸어서 혹은 자전거를 타고, 내륙 속 섬마을 방우리가 세상과 소통할 수 있도록 한 박상식 집배원은 자신의 일에 대한 긍지와 자부심이 대단하다.

방우리의 역사

금산군은 1963년 행정구역 개편에 따라 전북에서 충남으로 환원되었다. 그러나 금산군 부리면 방우리의 경우는 지형적 여건으로 인해 현재도 전북 무주를 생활권으로 하는 독특한 생활방식을 이어 오고 있다.

방우리는 금남정맥이 금강을 만나는 자리에 방울처럼 자리한다는 뜻으로 큰방우리와 농원방우리(작은방우리)로 나뉘어져 있다. 농원방우리는 한쪽은 강에 막히고 한쪽은 바위절벽에 막히어 드나듦이 어려웠던 육지 속의 섬이었다. 또한 너른 모래밭은 강물이 수시로 범람하여 사람이 살 수 없는 땅이었다.

작은방우리에 사람이 들어와 살게 된 것은 전쟁 후의 피난민들이었다. 이들이 광활한 모래섬 장자벌을 농원마을로 바꾸기까지 그 숱한 애환은 우리나라 근현대사를 이룬 생활상의 대표적 단면이기도 했다.

방우리 앞 구시소에서 산 너머 절벽까지 길이 250m, 둘레 2.3m의 굴을 뚫어 물길을 내는 계획은 1940년대 초 한국 토지수탈의 전위기관이었던 동양척식회사 무주지사장이던 일본인에 의해서였다.

바위산에 27m쯤 파던 굴 뚫는 공사는 8·15광복과 함께 중단되었지만, 1950년대 말부터 방우리 주민 설병환 씨를 중심으로 전쟁 피난민들에 의해 다시 본격적으로 추진되었다.

당시 미국의 농산물지원으로 밀가루와 옥수수 등을 배급받는 일은 이 벽지에도 해당이 되었다. 석공들은 오른손에 쇠망치, 왼손에는 쇠 정을 들고 허리도 못 펴는 바위 굴 속에서 바윗돌을 찍어 냈고, 주민들은 이 돌을 손수레와 지게에 짊어 나르는 일을 맡았다. 1963년 공사가 끝나기까지 큰물이

나면 바위벼랑에 임시물막이로 만든 길이 모두 유실되기 일쑤였고, 지게로 돌을 날라다 길을 내는 작업을 눈물로 반복해야 했다.

이를 멈추지 않을 수 있었던 힘은 논이 생기고 쌀이 생긴다는 꿈이 현실로 가까워 옴을 느꼈기 때문이었을 것이다.

주변에 대장간까지 만들어 놓고 정 끝을 벼리며 하루에 12cm씩 굴을 뚫어 나가는가 하면, 공병부대 지원으로 불도저가 하천 바닥을 고르면 주민들은 개미처럼 흙을 파 지게에 날랐고, 여자들은 머리에 이고 날라 논을 만들어 갔다.

그 거대공사가 완공되던 날, 농원방우리 장자벌에 일군 3만 평의 논에 물이 콸콸 흘러들었고, 공사에 참여했던 많은 사람들이 들어와 농원마을을 만들기 시작했다.

또한 굴의 경사로 나타나는 12m의 자연낙차를 이용해 60kW의 전기를 생산하는가 하면, 광활한 농토에서 생산된 쌀을 빻을 마을 공동 정미소도 만들었다.

발전소의 전기는 오지중의 오지 방우리와 뒷섬마을뿐만 아니라 굴천, 산의실, 방죽안, 안골, 수통리, 도파리까지 한밤중에도 훤히 불이 들어올 정도였으니 그야말로 산간오지가 천지개벽을 한 셈인 것이다.

이 한 편의 인간드라마는 실화가 되어 1963년 '쌀'이라는 영화로 만들어졌다. 방우리는 신상옥 감독, 최은희, 신영균, 김희갑, 허장강 등이 출현

한 영화의 실제 배경지이자 촬영지였다.

'쌀'은 굴을 뚫고 강물을 끌어들여 황무지를 문전옥답으로 바꾸려 하는 마을사람들의 노력을 그리고 있는 영화로, 영화사적으로 볼 때 1960년대 초 근대화라는 시대적 요구에 충실히 부응한 영화이며, 한국 영화사에서 가장 중요한 감독 중의 하나로 꼽히는 신상옥 감독의 대표작으로 손꼽히고 있다.

방우리 습지

과거 농원마을에 64가구가 모여 살았지만, 농토나 쌀이 희망이 될 수 없게 된 지금은 모두 떠나가고 9가구만 남아 노인들이 지키고 있다.

제방 길 중앙의 정자 옆엔 이미 세상을 떠나신 설병환 씨(1974년 향년 56세 작고)의 공적비가 서 있다.

물길로부터 농토와 마을을 보호하고자 높이 쌓은 제방으로 인해 장자벌로 들어오던 물길은 갇히어 장자 늪만 생태습지로 남아 있다.

현재의 제방도 오랜 세월 동안 몇 차례의 홍수에 속수무책 무너지면서 점차 높아졌다 할 수 있다. 장자벌 외에도 제방 바깥쪽의 꽤 넓은 모래땅에 농사도 지었었지만, 용담댐이 생기면서 모래땅은 점차 자갈밭으로 바뀌어 갔다.

제방에서 자갈밭으로 내려가 본다. 상류에서 내려온 둥근 호박돌들이 지금 방우리 제방의 돌망태 속에 다 갇히지 않았다면 더 하류로 내려갈 호박돌들이다.

넓은 자갈밭의 돌들은 허연 먼지를 뒤집어쓴 회색돌이다. 용담댐이 생기

기 전에는 홍수 뒤에 반드시 맑은 물이 흘렀으나 지금은 흙탕물만 쏟아붓다가 일시에 뚝 그친다.

댐은 물과 함께 물속에 있던 이끼와 섞은 수초 등도 함께 떠내려 보낸다. 따라서 흙탕물을 뒤집어쓴 돌은 맑은 물로 씻어 주는 과정이 없기 때문에 모두 시커먼 벌흙이 마른 후 회색빛을 하고 있는 것이다.

또한 해가 갈수록 자갈밭은 잡풀이 잠식하면서 풀밭이 되어 가고 있다. 용담댐으로인 해 수량이 줄어 강은 늘 일정한 수위를 유지하고 있다. 모래가 넘쳐나던 강변유원지들은 모두 자갈밭으로 바뀌고 점차 육상화되어 잡풀이 우거지고 있는 것이다.

강가에 초목이 우거지다 보니 고라니와 멧돼지 등 야생동물들의 천국이다. 이렇게 늘어난 야생동물은 강변 불법농경지나 농작물을 가리지 않고 해를 준다. 이들을 쫓아내기 위해 울타리를 치고, 유해조수로 지정해 제거하는 등 다양한 방법을 강구한다.

결국 사람을 위한 물 관리는 야생동물을 범람하게 했고 야생동물이 사람에게 피해를 주니 야생동물의 개체수를 조절해 달라고 아우성인 것이다. 사람과 야생동물의 공생은 과연 풀지 못할 숙제란 말인가.

무주의 하류는 대청댐이 생기면서 강 상류로 회귀해야 하는 많은 물고기들이 뚝 끊긴 지 오래다. 무주의 상류는 용담댐이 생기면서 흙탕물을 뒤집어쓴 채 육상화되고 있는 강변이 늘어나고 있다.

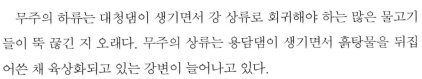

답답한 무주 금산 주민들은 홍수처럼 용담댐을 열어 인공 홍수라도 만들어 달라고 아우성이지만, 댐의 수량관리를 위해 방류는 제한적이기만 하다. 이래저래 용담댐 하류의 주민들의 마음은 고달프기만 한 것이다.

방우리 지렛여울

농원마을 제방 끝에서 강 따라 흙길을 내려가면 갈선산 절벽 앞에서 물길이 오른쪽으로 휘어지기 전 넓게 퍼진 지렛여울을 만난다. 지렛여울은 금산 사람들이 무주 장에 갈 때에 이용하거나, 양각산 아래 작은 농토를 이용하며 건너다녔다.

여울의 폭은 하도 넓어서 맨발이라면 언제 저 끝까지 건너나 싶은 고통의 연속이다. 발에 밟히는 돌멩이는 이끼로 인해 미끄럽고, 하절기엔 소수력발전용 수량이 불어 여울 가운데로 갈수록 유속이 매우 세다. 반드시 서로 손을 잡고 건너거나 혼자라면 등산용 스틱을 준비해야만 한다. 물에 스스로 빠지고자 한다면 차라리 배낭을 맡기고 개헤엄을 치면서 여울을 건너가도 좋을 일이다.

여울 주변에는 늘 다슬기를 줍는 사람들과 여울 근처에서 허리까지 담그고 쏘가리를 낚는 사람을 자주 본다. 여울의 시작과 끝 지점의 물결이 잔잔하고 따뜻한 곳에는 감돌고기(멸종위기보호 2급)들이 돌고기와 어울려 논다.

지천에 깔려 있는 다양한 물고기를 보게 되니, 이곳이 과연 금강의 모습이구나 하고 느끼는 순간이다.

기성세대는 물 속 물고기를 보면, 대부분 매운탕을 생각한다.

하지만 어린 세대들은 물고기를 보면 이제 환경을 생각한다. 물 속 물고기를 확인하고, 이곳이 왜 그들의 서식처가 되는지를 알려 준다. 각각의 서식처에 맞게끔 민물고기는 생긴 모양과 성질, 습성 등이 진화되었고, 그래서 그들에게 서식처 보존은 중요한 것이다.

지렛어울을 건너 자갈밭을 걸어가면 물길이 오른쪽으로 꺾이기 전에 깎아지른 절벽 앞 수리미소에서 잠시 멈춘다.

수달이 먹고 버린 커다란 물고기의 대가리들이 널려 있는 것을 자주 목격한다.

또한 수리미소 인근에서 낚시꾼이 실제 낚은 50cm 이상의 쏘가리를 본 적이 있다. 금산의 대표적 토산품 중 하나가 금린어(錦鱗魚)라는데 이는 쏘가리의 옛 이름으로 이곳이 쏘가리의 천국이 될 만큼 천혜의 환경임을 알 수 있다.

쏘가리와 꺽지

쏘가리가 50cm까지 자라는 대형어종이라면, 꺽지는 20cm 정도의 소형어종이다. 쏘가리는 하천바닥의 색깔과 비슷한 보호색을 띠어 표범무늬를 하고 있다. 최상위포식자답게 힘도 센 이 녀석들은 금강의 중 상류 흐름이 완만하고 맑은 물에 서식한다. 매운탕을 끓여도 맛이 일품인데 일반적으로 육식어종이 맛이 있다. 이들은 힘도 좋아 낚시하는 사람들에겐 단연 손맛이 좋은 최고의 어종이다.

오감으로 느끼기

강 따라 자갈밭을 걷다 작은갈선산의 골에서 불어오는 찬바람을 맞으며 일제히 강변에 누워 본다.

자갈돌은 따뜻하게 데워져 찜질하듯 등이 따뜻하다. 사람의 소리는 잠시 멈추고 자연의 소리에 귀 기울여 본다.

하늘은 파랗고, 높이 솟은 작은갈선산의 바위벽은 온통 자연의 색이다.

눈을 감으니 바람소리, 주변의 새소리, 물소리만이 청각을 자극한다. 어디선가 작은 소곤거림마저도 정적의 기세에 눌려 멈춘다.

아주 한동안 무아지경 신선놀음이 따로 없다. 어느새 아주 잠깐 잠 속에 빠져든 이도 있을 지경이다.

5월이면, 지렛여울에서 엇여울까지는 오디잔치다. 마치 산짐승처럼 저

마다 뽕나무에 매달려 오디를 따 먹는 데 시간 가는 줄 모른다. 나무마다
미각을 달리하며 오디가 걸음을 방해하고 손바닥과 입 주변은 어느새 자줏
빛 물이 들어 서로 얼굴 보고 웃는다.

　얼마나 오랫동안 인적 없고 전깃줄 없으며 소음 없는 원시의 길을 걸었
을까. 한동안 강과 산이 빚어내는 한 폭의 동양화 속에서 환경감수성이 키
워진 듯하다.

적벽의 엇여울

이제 저 멀리 사람들의 말소리와 물속에서 노니는 모습들이
보이기 시작하니 엇여울이다. 엇여울은 물길이 어슷하게 넓
게 흐른다는 뜻이다.

　이 여울목 또한 지렛여울과 함께 금산과 무주의 요긴한 교
통로였다. 때로는 거창과 금산을 오가던 소장수들이 소를 너
덧 마리씩 몰고 엇여울을 지나 지렛여울의 외딴집에서 하룻
밤 묵고 가던 길이기도 했단다. 그 외딴집은 최근 사라지고
주변과 어울리지 않는 펜션 두 동이 들어와 있다.

　엇여울은 수통리의 적벽과 어우러져 그 수려한 경관과 맑
은 강물로 인해 여름 휴양인파에 몸살을 앓는다. 여울과 소가
반복되는 엇여울에서 지렛여울까지 오프로드 자동차가 여울

을 밟고 들어와 낚시나
야영하는 모습을 자주 목
격한다. 손맛이 좋은 쏘가리
나 꺽지를 낚기 위함이다. 오프로드
자동차가 여울에 미치는 영향은 여울에 깃든
생명들에게 있어선 최고의 위해행위인데 말이다.

최근엔 4대강정비사업의 봇물에 편승해 지자체마다 하천에 인위적인 시
설물이 타당 여부와 용도가 불분명한데도 조성되는 사례가 많다. 엇여울에
방우리습지로 들어가는 세월교가 건설될 예정이었으나, 다리건설 하나만
으로는 방우리와의 통행이 원천적으로 불가능할 뿐 오히려 불법어로나 행
락객 등으로 인한 자연파괴가 불 보듯 뻔한 일이라 잠정중단한 상태이다.
금강에서 자연 그대로의 모습을 가장 잘 간직한 곳 중 하나인 방우리습지
는 개발논리보다는 자연보호 측면에서 보존과 관리방안이 우선되었으면
한다.

여울

여울이라 함은 하천바닥의 낙차에 의해 물의 흐름이 떨어지면서 졸졸졸 소리를 내고 기포를 형성하는 구간을 의미한다. 이렇게 형성된 기포는 바닥에 부딪혀 터지게 되고 공기 중의 산소는 물에 녹게 된다. 따라서 물속에 산소를 공급하는 여울은 물속에 산소를 공급하는 숨구멍인 것이다. 곧 건강한 하천은 여울이 많은 하천을 의미하는 것이고, 여울이 많으면 자연적으로 물의 흐름으로 인해 소가 형성되면서 여울과 소가 반복적으로 나타나는 자연하천을 이루게 된다.

산소가 풍부한 여울 주변은 물고기의 산란처로서 최적의 조건을 갖는다. 따라서 여울은 많은 물고기들이 산란처로 이용하고, 이 산란처를 먹이 원으로 하는 상위의 물고기들이 모여들면서 다양한 먹이사슬체계가 형성될 수 있는 것이다.

그러나 물고기의 생존에 가장 위협적인 게 무엇일까. 바로 인간들이다. 물고기들은 대부분 30~50cm 깊이의 물 흐름이 느린 곳에 산란하는데, 이런 곳은 사람들이 물놀이를 하기 좋다.

물놀이를 하거나 다슬기를 잡으면서 돌을 들추는 행위는 바로 산란장을 파괴하는 행동이고, 산란기에 물고기를 잡는 행위는 물고기들의 생존 자체를 위협하는 행위인 것이다.

여울의 자갈돌 어디고 눈에 보이지 않는 작은 것에서부터 수많은 생물종들이 종류를 달리하며 서식하고 있다는 것을 잊지 말자. 따라서 여울에 무거운 바퀴가 짓밟고 가거나, 준설을 통해 여울을 없애고 평평하게 하는 일 등은 여울이 갖고 있는 자정작용 본래의 기능을 없애는 것이자 여울 속 생명들을 유린하는 행위나 다름없는 것이다.

제방(둑) 장마철 물이 민가에까지 넘치는 것을 막기 위해 세운 둔덕

둔치(고수부지) 장마 시 물이 범람하여 잠기게 되는 저수로와 제방 사이의
평평한 곳

저수로 하천부지에서 평상시에 물이 흐르는 부분

호안 강기슭, 물이 흐르면서 닿는 가장자리

하상 물 밑바닥, 보통 저수로의 바닥을 말함

하중도 물속에 생긴 섬

보 하천의 역류를 막고 물을 가두어 놓고 끌어 쓰기 위해 하천을 가로질
러 세운 구조물

어도 보에 물고기가 다닐 수 있도록 만들어 놓은 길

호박돌 하천의 중상류에서 많이 볼 수 있는 돌로 침식작용에 의해 동그
랗게 다듬어진 호박만 한 돌

하변림 하천의 영향을 받는 범위 내에 형성된 수림. 버드나무 등의 속성
수가 주종

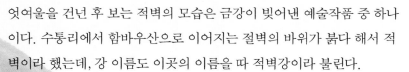

금강의 다른 이름 적벽강

엇여울을 건넌 후 보는 적벽의 모습은 금강이 빚어낸 예술작품 중 하나이다. 수통리에서 함바우산으로 이어지는 절벽의 바위가 붉다 해서 적벽이라 했는데, 강 이름도 이곳의 이름을 따 적벽강이라 불린다.

깎아지른 절벽 아래는 검푸른 소가 있고 배 한 척 띄워져 있으니, 중국 소동파의 적벽부가 떠오를 만큼 예부터 많은 시인묵객들이 이곳에서 풍류를 읊었다. 조선의 이태백으로 불리던 시인 이안눌(1571~1637) 선생도 멋진 강 錦水를 노래했다.

금강은 지역을 지나면서 제각각 다른 이름으로 불리는데, 엄밀한 의미에서 적벽강의 범위는 소이진에서 도파리에 걸친 지역을 말한다.

금강에서 유독 여울이 많은 곳이 적벽강이다. 실제 우리나라 민물고기의 분포를 확인하고 분류체계를 확립한 민물고기의 대가 최기철(1910~2002) 박사는 "수정같이 맑은 물, 물속에서 물 밖까지 깔린 모래밭 자갈밭 강변에 펼쳐진 초원, 그것들을 보기만 해도 물속에 빨려 들어갔던 일이 몇 십 번이었던가 몇 백 번이었던가. 금산은 어린이들이 미역 감을 수 있는 곳이 충남에서도 가장 많은 곳이다."라고 금산 속 적벽강을 이야기했다.

수통마을

수통리 마을로 접어드는 적벽교를 건넌다. 자동차 한 대 지나갈 정도로 폭이 좁은 이 다리는 마을주민들이 힘을 합쳐 매년 놓던 나무다리에서, 양쪽에 철기둥을 세우고 와이어 줄을 이어 만든 출렁다리, 콘크리트 다리, 보강된 현재의 다리까지 그 애환의 역사가 깊다.

물론 적벽교가 있는 자리 위쪽으로 강 건너 전답을 다니거나 무주사람들이 드나들던 수통나루가 있었는데, 겨울철이면 이곳에 나무다리가 놓아졌었다.

수통리를 휘감으며 금강이 돌아나가는 곳에는 수통마을 한가운데에 대늪이 있다. 이곳도 농원방우리처럼 커다란 모래섬을 사이에 두고 홍수 때 넘쳐흐르던 대벌과 대늪이 있었다. 이후 강변에 둑을 쌓아 6만여 평의 농토를 만들었으니 그곳이 지금의 수통마을이다.

수통마을의 초등학교는 폐교되어 수련학습장으로 변신했고 마을은 정
보화마을로 바뀌면서 한적한 강변마을의 정취는 사라졌다. 넓은 오토캠핑
장과 펜션단지가 들어서고, 제방은 더 높고 견고하게 정비되어 적벽구간의
수려한 경관과는 이질적인 모습이다.

　　과거 둑 너머에는 모래찜질을 즐기던 너른 백사장이 있었다는데, 그 많
던 모래는 주민들의 반대에도 불구하고 대전—통영 고속도로 건설에 써지
면서 자갈돌과 잡풀만 무성할 뿐이다.

도파마을

수통마을 앞을 지난 금강이 1시 방향으로 꺾이면서 몇 차례 여울을 지난다. 우안 길은 옛 강변 정취를 자아내는 포플러나무가 한 줄로 서 있다. 좌안 길의 산림식생은 가늘고 키 큰 모양의 참나무들로 남향인데도 불구하고 햇빛 경쟁이 심했나 보다.

　도파리는 풍수상 떠나가는 배(行舟形)의 형세로 배가 돛대를 달고 나아가니까 물이 갈라진다고 하여 도패─도파로 변했다. 또한 이 형상은 우물을 파면 배의 밑창을 파는 격이라 마을에 화가 미치는 것과 같아 우물 파는 것을 마을 공동체 차원에서 극히 제한하거나 금기로 삼았다고 한다.

실제 도파마을에는 마을 공동 샘인 찬샘이 강변 정자 아래에 있고, 윗샘, 아랫샘 세 개가 잘 보존되어 있다.

강변마을은 마을 어디를 파도 물을 구할 수 있겠지만, 자칫 하천수로 인해 수인성전염병의 염려가 있을 수 있으므로 마을 공동체 차원에서 우물을 관리하기 위해 공동 샘을 이용했는지 모르겠다.

도파마을엔 경치 좋은 바윗자락 위에 장금정이라는 정자가 있다. 드라마 대장금의 촬영지였던 이곳은 금강을 조망하는 경치도 수려하지만, 강 건너에서 바라보는 장금정의 풍경 또한 소나무와 어울려 한 폭의 동양화이다.

장금정에 올라 보면 멀리 미루나무들이 강가에 줄 지어 서 있는 가운데 여울은 은빛 물결을 이루고, 강변 누렁소가 한가로이 풀을 뜯는 모습은 훼손되지 않은 70년대 강의 원형을 보는 것 같은 착각이 일 정도이다.

천내리의 지형

용화리를 거쳐 온 금강이 천내리에서 금산을 관통하는 봉황천과 기사천, 금산천, 조정천을 만나며 너른 난들을 형성한다. 난들은 물살이 만들어 낸 덤으로 생긴 들판이라는 뜻인데, 평사낙안의 지형 속에 비옥한 농토와 사람 살기 좋은 터라 할 수 있다. 실제 고려 공민왕이 풍수에 입각하여 대길지를 찾으라는 명을 내리고, 천내리를 자신의 능소(무덤자리)로 작정하기도 하였다. 그 증표로 여러 가지 석문을 작성하게 하였는데, 난들의 인삼밭 한 가운데는 용의 모습을 한 용석과 호랑이의 모습을 한 호석이 잘 보존되어 있다.

천내리는 강의 안쪽이라는 뜻으로 이곳에서는 금강을 천내강이라 부른다. 부리면 수통리를 흐르는 적벽강은 제원면에 이르러 용화마을 앞에서 용화강으로, 천내리 앞에서 천내강으로 불리는 것이다. 천내강을 빠져나간 금강은 영동의 양산면으로 들어가 양강이란 이름으로 불릴 것이다.

천태산(714m) 줄기가 남쪽으로 치달아 금강에 마주쳐 끝나는 곳에 자지산(紫芝山)이 있다. 자지산은 우리나라에서 음양산의 대표되는 산으로 천내리를 둘러싸고 있는데, 자줏빛 영지가 많아서 생긴 이름이다. 중봉 조헌선생이 왜군을 막기 위해 성을 쌓았다 해서 중봉산이라고도 불리고, 산성이 있다 해서 성재산이라고도 한다.

천내리의 역사

천내리에는 지금의 제원교에 닥실나루가 있었다. 닥실나루는 닥나무가 많았다 해서 생긴 이름으로 갯티나루라고도 했다.

과거에는 닥실나루를 건너면 영동을 거쳐 경상도로 갈 수 있었고, 강을 건너오면 충청도와 전라도를 갈라놓는 삼각지점에 위치하고 있어 조선시대 제원역이 자리 한 교통의 요충지였다.

제원역에서 행정리의 은행나무(천연기념물 제84호)가 있는 요광원을 지나 머들령을 넘어 대전으로 가는 이 길은 원님부터 군사 제주의 말까지 드나들었던 길목이었다.

닥실나루에서의 역사적 사건은 임진왜란으로 올라간다. 왜란이 발발하자 금산 군수 권종 선생은 공주목사인 동생 권율과 병력을 일으켜 군사를 이끌고 전주에 도착한다. 곡창지대인 호남을 치겠다고 영동에서 만여 명의 왜군이 영동을 거쳐 금산으로 진격해 오자 금산으로 돌아와 포평(갯들)과 저곡산성에서 기다린다.

고작 600명이라는 적은 군사로 저곡산성에서 대기하면서 꾀를 낸 것이 상류의 마달피에서 황토 흙을 뿌려 물깊이를 가늠 못 하게 하면서 시간을 끄는 것이다.

그러나 뽕을 따고 오던 아낙이 치맛단을 걷고 물을 건너는 것을 본 왜군은 곧 대규모로 천내강을 진격해 오고, 종일 대전하다 아들인 권준과 함께 전사한다.

금산성 전투가 1, 2차로 이어지면서 보름 후 방어선이 무너지고 한 달 후 중봉 조헌선생과 영규대사가 이끄는 700명의 의병부대가 의총리에서 왜군과 맞서게 된다. 그러나 이들은 결전 끝에 700의사와 함께 모두 장렬히 순직하게 되니 그들의 넋을 기리는 칠백의총이 의총리에 있다.

천내리 트레킹

천내리 트레킹은 하류에서 상류로 거슬러 올라가며 진행한다. 즉 대산리에 위치한 금강과 봉황천 합류점에서 시작해 천내리의 크고 작은 습지를 거쳐 용화리 여울에서 끝나는 것이다.

대산리에서 금산관내 금강의 최대지천인 봉황천이 남이면 육백고지에서 발원해 31km를 달려 금강과 합류하고 있다. 강이 합수해 만들어진 너른 충적지는 풍요로운 땅인 난들을 만들 만큼 그 품은 넓기만 하다. 최근 금강 정비로 인해 강변에 줄 지어 서 있던 미루나무도 일제히 베어져 사라졌고, 강변의 너른 유휴지는 인공화단 및 공원으로 조성되었다.

대산리 강변 산자락을 깎아 만든 길을 따라 5월이면 찔레향이 만발하다. 합류점 아래 여울녘에는 다리를 담군 채 전통적 어로방법으로 피라미를 낚는 모습을 볼 수 있다.

금강 저편으로 난들을 바라본다. 너른 땅이 인삼경작을 위한 검은 지붕을 얹고 있다. 그 가운데 숨은그림찾기하듯 거리를 두고 있는 기와지붕 두 개를 찾아보는데, 그 정각 두개가 바로 용호석이다.

제원역에 딸린 원집이 있었다는 원골을 향해 가되 길에서 벗어나 강변 자갈밭으로 진입한다.

강이 둥글게 휘어 돌면서 물살은 천혜의 자갈돌을 쌓았고, 몽글몽글 호박돌들은 또한 물결의 어루만짐을 기다리고 있는 듯하다. 자갈밭 강변에서 물수제비도 뜨고, 돌탑도 쌓으며 넓게 용트림하듯 난들 주변에서 제 맘대

로 흘러가는 천내강을 느낀다. 금강이 무주의 감입곡류를 빠져나와 다시 영동의 감입곡류로 들어가기 전, 잠시나마 탁 트인 평야를 만들면서 물이 넓게 흩어져 흘러가는 곳이 이곳 천내리 난들지역인 것이다.

더러는 강이 보이는 산 중턱에 전원주택단지를 개발하기 위해 뻘겋게 산을 깨부순 모습이 눈에 거슬리지만, 금강이 영동으로 들어갈 때 좌안의 자지산과 우안의 월령산 산세가 가히 장관이다.

다시 자갈밭에서 모래밭을 향해 간다. 모래밭은 어른 키보다 큰 갈대밭이 형성되어 곳곳에 거미줄처럼 나 있는 소로가 재미있다. 더디 가더라도 신발을 벗고 맨발로 모래를 밟으며 걷다 보면 물살이 쌓아 놓은 고운 모래 언덕과 물결이 지나가며 그려 놓은 모래물결, 큰물이 데려왔다 강물만 빠져나가 말라 버린 물고기와 민물에 사는 조개류(석패류)들의 잔재들이 흔하다.

여름이면 물의 들고 나감이 빈번하여 수시로 지형이 바뀌고 모래와 자갈이 풍성해지는 이곳이야말로 금강트레킹에서 하천의 다변적인 접촉을 통해 생태적 감수성을 키울 수 있는 장소 중 하나라 할 수 있다.

원골에 다다르면 세월교를 건넌다. 이제 시간제로 가동되는 인공폭포가 바위절벽 중턱에서 쏟아진다. 자지산의 양기를 보해 주는 음골의 음굴을 확인한다.

이곳 기러기공원은 여름철 피서객들이 구름처럼 찾아와 물놀이를 즐기고 은사시나무, 포플러나무 그늘 아래 잔디밭에서 오토캠핑을 즐긴다.

원골 주변은 사람이 강과 친해질 수 있는 열린 공간 역할을 톡톡히 하고 있는데, 최근 이곳까지 래프팅 업체가 영업을 하면서 물 밖, 물속 모두 사람소리 가득한 친수공간 그 자체가 되고 있다.

이제 영동의 가선리로 흘러가는 금강을 뒤로하고 천내습지로 가 보자.

금강 상류 최대의 천내습지

천내습지는 엄밀한 명칭으로 저곡습지(이하 천내습지)라 해야 맞을 것이다. 저곡리와 천내리가 금강을 경계로 하고 있는데, 총 길이 1.5km에 걸쳐 22만 제곱미터의 면적에 달하고 있는 천내습지가 천내리 쪽 우안에 접하면서 금강의 중앙부까지 걸쳐 있기 때문이다.

천내습지를 가기 전에 전체적인 조망을 통해 천내습지의 이해를 돕고자 저곡산성에 올라가 보는 것도 괜찮다.

저곡산성은 닥실나루가 있는 옛 금강초등학교 옆으로 올라갈 수 있는데, 10여 분 올라가면 금강과 천내습지가 한눈에 들어온다.

본격적으로 천내습지로 들어가기 위해서는 천내3리 마을뒷산을 넘어 가거나, 제원교에서부터 우안제방을 따라 들어가는 방법이 있다.

천내습지로 이어지는 제방은 이미 제방보축과 완경사 공사가 이루어져 자연의 맛을 잃은 지 오래라서 자칫 밋밋할 수도 있다. 다행스러운 것은 천내습지까지 제방보축을 하려 했으나 생태자원의 훼손을 우려해 4대강공사에서 살아남을 수 있었다. 제원교부터 걸어오면서 인공제방의 보축과 자연습지의 보전을 나눈 그 경계에서 어떤 시대적 과제를 안아야 할지 고민해 보는 것도 환경교육의 하나라 볼 수 있겠다.

천내습지 깊숙이 들어가노라면 진둠벙(긴둠벙), 각시둠벙 등 크고 작은 둠벙과 버드나무숲이 마치 원시의 정글 속을 탐험하는 듯 한 착각을 일으킨다.

축축한 바닥에는 수달 고라니 등 야생동물의 발자국들이 선명하고, 애기부들 수염마름 등 희귀식물과 양호한 천이상태를 보여 주는 식생들로 가득하다.

천내습지는 140여 종 이상의 식물과 40여 종의 조류, 20여 종의 어류, 멸종위기보호종인 두드럭조개 등 10여 종의 조개류 등 300여 종 이상의 생물종다양성을 보여 주는 생명의 보고인 것이다.

우안은 산지에 면해 있어 육상생태계가 천내습지생태계와 조화를 이루고, 천내습지 일대는 금산의 상수원보호구역으로서 보호관리가 이루어짐으로 해서 습지가 갖는 물의 자정작용과 생물서식처, 생물종다양성

의 확보 등 금강의 허파로서 손색이 없다.

　인간의 손을 타지 않아 천혜의 원시 환경을 이룰 수 있었던 반면, 강폭을 넓게 차지하며 생성된 습지이다 보니 가시박이나 장마철 부유쓰레기의 공격에 그대로 노출될 수밖에 없는 한계를 갖고 있다.

　실제 장마 후 천내습지를 덮고 간 강의 수위가 어느 정도였는지는 두 척도 넘는 키의 버드나무 끝에 걸려 있는 쓰레기들을 보면 알 수 있다.

　건강한 천내리의 식생이 전국의 강변을 뒤덮고 있는 가시박에 의해 고사하는 것을 막기 위해 준설과 같은 방법이 동원되는 것도 경계해야 할 것이다.

　또한 장마철 부유쓰레기 해결을 위해 버드나무를 베는 것이 아니라, 근원적인 쓰레기 대책이 강구되어야 할 것이다. 쓰레기의 성상을 파악하여 그에 맞는 정책적 해결이 선제되어야 할 것이다.

　천내습지는 생명이 살아 숨 쉬고 깨끗한 수질을 담보할 수 있는 금강의 소중한 허파로 길이 남아야 할 것이다.

여울을 건너 용화리까지

천내습지를 1km여 정도 걸어 들어왔다면, 여울을 건너 용화마을로 건너가
보자.

용화리까지 400여 m의 여울을 건너는 동안 평평한 잔자갈 위에서 경쾌
하게 흐르는 여울소리와 종아리를 적시는 차디찬 혹은 시원한 느낌은 오랜
걸음 트레킹으로 지친 피로를 풀어 주는 데 그만일 것이다.

맨발의 발바닥에 밟히는 매끄러운 규조류의 감촉과 자갈의 뾰족한 통증
이 오감을 자극하여 신발이라는 문명에 우리가 얼마나 익숙해졌나를 실감
하는 순간일 것이다.

자연과 직접적으로 접하고 적극적으로 자연을 받아들이면서 비로소 자
연과 하나가 된 자신을 발견하게 될 것이다.

영동

제5장

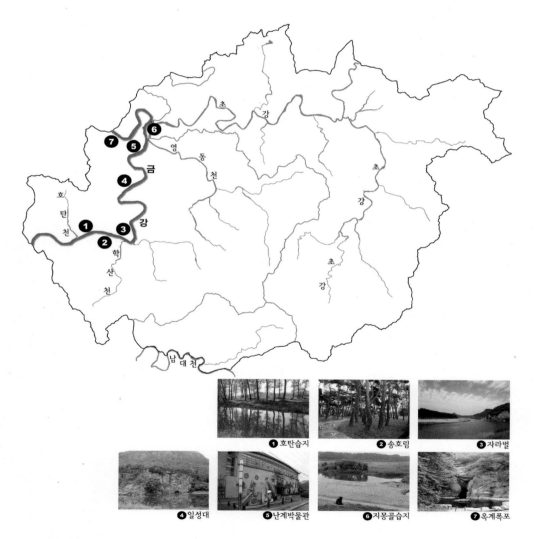

초강
영동천
금
호탄천
강
학산천
남대천
초강
초강

① 호탄습지
② 송호림
③ 자라벌
④ 일성대
⑤ 난계박물관
⑥ 지몽골습지
⑦ 옥계폭포

영동 감입곡류의 시작

금강이 영동에 들어서는 곳은 우안의 월령산과 좌안의 천태산 줄기가 끊어지는 곳으로 감입곡류의 시작이다.

　월령산 절벽을 깎아 만든 금산—영동 간 국도에서 내려다보면, 바윗돌 비껴난 여울마다 끊임없이 이는 하얀 포말의 풍경이 가히 압권이다.

　강변에서 유유히 풀 뜯는 소와 소의 등 위에 서 있는 황로 풍경은 현대인이 인식하는 강의 모습과는 다른 서정적인 풍경이다. 가선리 강변에 스크령 군락 사이로 소똥이 줄 지어 있는 것이, 소가 지나가는 길임을 알린다.

　사람에 놀란 코뚜레하지 않은 어린 송아지가 겁먹은 눈을 껌뻑이며 어미 품을 파고든다. 소 등에 올라탄 황로도 놀랐는지 날갯짓한다. 세월이 지났어도 변하지 않은 강 풍경에 취하다 보면 주변에 널린 소똥과 그 냄새도 정

풀 뜯는 소가 있는 풍경

1경　무주의 뒷섬여울
2경　금산 도파마을
3경　영동 가선여울
4경　영동 구강교

겹게 느껴진다.

강변에 넓게 퍼져있는 바위 위에 올라앉아 물속에 발 담그고 가선여울 소리를 듣는다. 세차게 여울소리가 너무도 청명하여 저마다 핸드폰에 여울 소리를 담느라 정신없다.

금산군 제원면에서 다양한 맛의 어죽 집을 보았다면, 영동군 초입인 가 선리에서 또 한 번 어죽마을을 만난다.

제원의 그것과 다르다면, 어죽 외에도 영동의 명물 올갱이국이 등장하는 것. 올갱이는 다슬기의 이 지역 방언으로 영동의 금강이 얼마나 맑고 깨끗 한지를 보여 주는 대표음식이다.

영동-금산 간 68번 국도는 유동차량이 적어서인지 자동차는 쏜살같이 달린다. 높은 장선이로 올라가는 장선이 다리까지는 강변에 오솔길이 있지 만, 이후부터 호탄교까지는 도로 따라 가야한다.

호탄습지

금산에 대늪과 장자늪 그리고 배후습지인 천내습지가 있다면, 영동은 배후
습지로 호탄습지와 죽청교 아래 자갈밭, 심천의 지뭉골습지, 고당리 자갈
밭이 있다.

호탄습지는 강 우안에 길게 면한 길이 200m, 면적 2,200여 ㎡의 배후습
지로 강의 범람으로 인한 유실과 퇴적이 반복되면서 자연스레 본류와 구별
되는 습지가 형성되었다.

키 큰 미루나무와 버드나무가 담을 쌓듯 둘러싸여 신비로움을 자아내는
데, 항상 마르지 않는 물 위엔 마름과 나비잠자리, 호랑꽃무지 등 생물종다
양성이 풍부하여 연구가치가 있는 습지이다.

그러나 천내습지와 마찬가지로 이곳도 외래식물 가시박이 뒤덮고 있어
제거와 관리가 시급하다.

호탄여울

옥천과 면한 율티를 발원지로 한 호탄천이 천태산(1,74.7m)의 천년고찰 영국사를 끼고 내려온다. 영국사는 고려 공민왕이 홍건적의 난으로부터 피신해 왔었고, 수령 1300년 은행나무(천연기념물 제223호)가 유명한 사찰이다.

호탄천이 합류하는 곳에 호탄여울과 호탄교가 있다. 호탄이란 호랑이여울이라는 뜻으로 한겨울에 병든 아버지에게 딸기를 구해 바치던 효자를 호랑이가 나타나 등에 태우고 여울을 건넜다 해서 지어진 이름이다.

호탄교에서 내려다보면, 잔 여울과 얕은 물속 둥근 자갈돌이 투명해 보여 물에 들어가고 싶은 충동이 인다. 아기 무릎이나 닿으려나 싶은 깊이에 웬 자갈돌들은 그리도 반짝이는지. 그 속을 유유히 헤엄치는 팔뚝만 한 누치가 있는가 하면, 작은 치어들이 민감한 진동에 떼를 지어 달아나는 풍경.

그 물과 어우러진 넓은 자갈밭은 한여름 물가를 찾는 이들에게 놀 만한 장소로 호탄교 아래는 최적의 자연발생유원지가 되었다.

비단강숲마을

호탄교를 지나면 양산면 수두리에 접어든다. 숲의 머리라는 뜻의 수두리는 양산 송호리 솔숲의 머리 부분이라는 뜻으로 지금은 송호림을 제외하면 강변 숲이 모두 없어진 상태다.

수두리 강변 너머 봉화산에는 지금도 매년 10월이면 봉수축제가 이어지고, 금강 주변의 다양한 자연자원을 활용한 생태체험마을로 다시 태어난 비단강숲마을의 인기는 매우 높다.

정자가 많은 영동의 강가

영동의 강변엔 정자와 누각이 많다. 벌판이 넓고 비옥한 데다 에로부터 금
강 상류의 아름다운 경치가 손에 꼽혔기 때문이다. 양산은 이중환의 택리
지에 안동의 하회와 함께 제1급의 명당으로 소개될 만큼 조건이 두루 갖춰
진 고장이다.

금강을 따라 아름다운 산 중턱이나 기묘한 바윗돌 위에는 여지없이 정자
가 터를 잡고 앉아 있는데 구선대, 봉황대, 함벽정, 한천정, 강선대, 일성대
등이 금강의 절경지를 따라 이어진다.
있는 그대로의 모습을 즐길 줄 아는 여유, 더 꾸미지도 새로 만들지도 않
으면서 은근히 바윗돌이나 산기슭에 올라앉아 자연과 어울리는 겸손을 과
거의 정자에서 배운다.

5강 예부터 금강은 여러 이름으로 불렸는데 양산에서 심천까지는 양강(楊江), 심천에서 옥천까지는 적등강(赤登江), 수몰지역인 내탑동에서 대청댐까지는 초강(楚江), 대청댐 아래쪽인 용호리지역은 형강(荊江)이라 했으며, 부여지역은 백마강(白馬江)이라 했다.

8정 금강에는 예로부터 8정이라 하여 독락정, 금벽정, 벽허정, 사송정, 쌍수정, 안무정, 원산정, 한림정을 가리키기도 하고, 때로는 수북정, 백화정, 몽뢰정, 원산정, 일사정을 넣기도 했다.

그 옛날 정자에서 바라 본 금강의 경관은 어떠했을까.

비봉산 아래 금강이 흐르고 너른 평야에 오곡이 충만하니 사람살기 좋은 곳이었을 것이다. 살기 좋은 양산면 일대에서 경관을 노래하기에 더없이 좋았으니, 최초의 신라가요인 양산가가 발원할 수밖에.

그러나 정자에서 바라본 지금의 금강은 어떠한가.

수두리에서 송호리로 이어지는 강변은 금강정비사업으로 제방 고를 높이고 둔치를 친수공원화했다. 제방을 지탱했던 느티나무들은 하얀색 콘크리트 포장에 밀려 사라졌고, 강변을 뒤덮었던 버드나무와 갈대둔치에는 이중삼중의 산책로와 화단이 나 있다.

홍수대비 물그릇을 키우기 위해 둑을 높였건만, 학산리의 영동누치마을 앞산을 쪼개 가져온 흙으로 둔치를 메웠으니, 물그릇은 그대로인 셈이다.

지금의 우리는 똑같은 경관지 앞에서 홍수조절과 친수공간 확보라는 명목으로 강을 인위적으로 성형하고 있는 것은 아닐까. 선현이 자연을 바라보고 대하는 마음가짐이 지금의 우리와 많이 다름을 영동의 강에서 느낀다.

신라가요 양산가

우리나라에서 가장 오래된 신라가요 양산가는 강을 중심으로 신라 백제의
싸움터였던 영동의 양산고을에서 발원하였다. 당시 백제군에 맞서 용맹하
게 싸우다 전사한 신라장군 김흠운을 기리는 내용을 담고 있는데, 영동의
양산리는 최초의 신라가요인 양산가가 발원지인 것이다.

양산을 가세 양산을 가요.
모링이 돌아서 양산을 가세.
난들 가서 배 잡아타고
양산을 가세 양산을 가요.

양산을 가세 양산을 가요.
잉어가 논다 잉어가 논다.
양산 창포장에 잉어가 논다.

양산을 가세 양산을 가요.
자라가 논다 자라가 논다.
양산 백사장에 금자라가 논다.

양산을 가세 양산을 가요.
장게가 논다 장게가 논다.
양산 수풀 속에 무구리 장게가 논다.

모링이 모퉁이, 즉 물굽이의 뜻. 모링이는 경상도 사투리인데,
　　　　이곳이 경북과 맞닿아 있어서 영향을 받음
난들 양산 가선리 부근
창포장 양산 송호리 앞에 창포가 많이 나는 밭이 있었다 함
장게 수꿩인 장끼
무구리 묵은. 오래된

송호유원지

송호리 강변솔숲의 역사는 400년으로 거슬러 올라간다. 박응종(朴應宗) 선생이 황해도의 연안부사로 재임했을 무렵 그곳의 많은 해송이 너무도 마음에 들어서 이곳에 올 때 종자를 구해와 심고 가꾸었다고 한다.

이후 일제강점기에 경부선 철도의 침목으로 간벌이 이루어지기도 했다.

소나무 숲 속은 적송과 리기다소나무단지로 구분되어 있고 스트로브잣나무도 볼 수 있어 침엽수를 공부하기에 좋은 조건이다. 적송의 경우 4계절 하늘을 가리는 푸른 잎으로 지붕을 만드니 한여름은 텐트 칠 자리경쟁이 치열하다.

두터운 거북이 등껍질의 밑동에서부터 붉은 비늘의 수피를 하고 있는 각각의 나무들은 구불구불 춤 경쟁이나 하듯 생명력

을 뿜어낸다.

영동의 양산에는 양산8경이 있다. 영국사 봉황대 비봉산 강선대 함벽정 여의정 용암 자풍서당을 말하는데, 이 가운데 강선대 여의정 용암이 이곳에 있다.

숲 오른쪽의 작은 바위언덕 위에 정자가 있으니 제8경인 여의정(如意亭)이다. 좁은 공간에 작은 6층 석탑과 돌부처가 어울려 있고 반석위에 뿌리를 두고 있는 늙은 느티나무와 버드나무가 생과 사의 기로에서 묵묵히 생으로 버티고 있다.

강 가장자리는 중국단풍이 강 쪽으로 가지를 길고 낮게 드리우고 있어 강변숲 그늘을 느끼기에 최적이다.

그 그늘에 앉아 제2경 강선대와 제8경 용암을 볼 수 있고, 즐거운 물놀이 객들의 웃음도 지켜볼 수 있다.

강선대는 그 경치가 너무나 아름다워 신선이 내려와 놀던 곳이라 하는데, 20여 그루의 수형 좋은 소나무들이 육각정 테두리를 춤추듯 호위하다 있다.

용암은 강 한가운데 우뚝 솟아 있는 기암으로 용이 승천했다 하고, 선녀가 내려와 목욕을 하던 곳이라 한다.

송호림은 1986년 12월 22일 송호리 일대 28만 4,290㎡가 국민관광지로 지정되었다. 이곳에는 오토캠핑시설과 부대시설들이 갖춰져 금강변 4계절 휴양지로 인기가 높고, 영화 소나기와 카인과 아벨의 촬영지가 되기도 했다.

양산가 속의 자라벌

송호림이 끝나는 봉곡교 하류에서 또 한 번 물이 왼쪽으로 휘어 돌며 자갈밭을 형성하는데, 과거 자라가 많이 보였다 해서 자라벌이다.

실제 자라가 잘 서식할 수 있는 자갈과 모래가 잘 어우러져 있어 영동군에서는 이곳에 자라 치어를 방류하기도 했었다.

자갈밭이 호를 그리는 강가에는 송호림과 같은 소나무 숲이 봉곡리 방품림을 하고 있다. 비록 리기다소나무이지만, 봉곡리 제방고 보축에서 송호리 솔숲과 함께 비껴갈 수 있었다.

죽청교에서 기호리까지

해금을 형상화 한 죽청교는 좌안의 양산면 죽산리와 우안의 양강면 청남리를 연결한 다리이다. 서쪽의 마니산과 시루봉 노고산이 감싸며 휘어 도는 곳에 너른 자갈밭이 우안에 펼쳐져 있다. 강폭 500여 m, 면적 226,000㎡에 달하는 광활한 자갈밭은 둥근 호박돌이 가득한데 홍수지 물로 채워지는 거대 배후습지인 셈이다.

자갈돌 사이에 손바닥만 한 말조개에서부터 칼조개, 두드럭조개, 귀이빨대칭이 등의 석패류 껍데기들이 눈에 띈다. 강바닥에서 사는 커다란 조개류들이 큰물에 쓸려 왔다 못 나가고 말라 죽은 흔적들이다.

자갈밭 한가운데는 큰물에도 잠기지 않는 하중도가 있다. 하중도에 조성된 참나무와 소나무 숲 속에는 누군가 몰래 들어와 밭을 일구고 오랫동안 농사를 짓고 있다.

하천부지에서의 농경은 토양을 통해 농약 비료 등 오염물질이 강으로 흘러들어가게 해 강을 오염시키는 불법행위라 근절되어야 한다. 또한 하중도 숲을 뒤덮고 있는 가시박 또한 해결해야 할 과제이다.

강 건너 맞은편 시커먼 천길 벼랑 끝에는 일성대가 있다. 죽산리 일성대에서 내려다보는 금강의 경치란 가슴이 다 후련할 정도로 뻥 뚫린 조망을 자랑한다.

정면 시야의 전부는 천연의 너른 자갈밭이고, 발 아래로 시야를 돌리면 일성대 낭떠러지 검푸른 소의 깊이에 정신이 아찔하다.

영동의 강변 양안은 자동차도로가 잘 나 있다. 이왕이면 자동차 통행이 적은 좌안을 따라 걸어 보자.

양산·심천·양강면의 금강변 마을집들이 아직도 50~60년 전의 취락형태를 보여 준다. 사람 떠난 가옥은 을씨년스럽게 변해 가는데 주인 없는 빈 마당의 감나무는 씨알 굵은 감을 주렁주렁 매달고 있다. 돌담위에 넝쿨 진 늙은 호박도 정겹고, 바닥에 나뒹구는 몸 성한 감 골라 주워 먹는 재미에 마을구경 시간 가는 줄 모른다.

기호리 강가도 죽청교 다리 아래처럼 너른 자갈밭 세상이다. 용담댐이 생기기 전에는 이곳도 영동에서 제일가는 모래밭이었다는데, 지금은 강 건너 도로가에 우거진 소나무 사이로 관어대(觀魚臺)만 남아 옛 금강의 아름다움을 노래하고 있다.

난계의 고장

심천면 고당리는 난계 박연이 태어난 고장이다. 난계는 고구려의 왕산악 신라의 우륵과 함께 우리나라 3대 악성 중 한 분으로 작곡, 연주, 악기제작, 음악이론의 연구와 조율, 궁정음악의 정립 등 음악에 관한 수많은 업적을 남겼다.

난계의 이러한 업적은 세종의 음악적 이해와 관심이 영향을 주었기에 좋은 성군과 군신의 만남에서 난계의 역량이 빛날 수 있었다. 실제 편경의 제작 후 시연하는 과정에서 세종은 음이 이상함을 집었는데, 돌을 충분히 깎지 않아 먹줄이 남아 있음을 나중 알았다 하니 세종의 절대음감을 예측할 만한 부분이다.

심천면 고당리 고당교와 양강교 사이에는 난계사당 난계박물관 국악기 제작촌 난계국악기체험전수관 등이 조성되어 난계의 업적을 기리고 있고

자라와 오골계, 잉어가 들어간 영동의 특허음식 용봉탕을 하는 식당들이 있다.

또한 난계가 자주 찾아 피리를 불었다는 옥계폭포 역시 심천면 옥계리 금강 변에 위치하고 있다.

옥천방향으로 2km 도로를 따라 내려가 천모산골짜기로 1km 들어가면 깎아지른 절벽에서 바위를 깰 듯 쏟아지는 장대한 폭포를 볼 수가 있다.

영동에서 난계를 테마로 한 구간을 걸었다면 옥계폭포로 마무리하는 것도 좋을 듯하다.

심천의 지몽골습지

금강이 심천에 이르러 물줄기는 오메가 형태로 휘어진다. 물이 깊지 않아 많은 사람들이 찾는 곳이 바로 지몽골습지와 고당리의 강변이다.

영동천과 초강천이 금강으로 합류하면서 두 지천의 물줄기가 커다란 하중도를 만들었다. 길이 1.7km, 폭 600m, 40만㎡의 광활한 면적은 금강 상류에서 가장 큰 하중도라 할 수 있다.

지몽골은 오래전 미루나무가 많아 미루나무섬이라 불리기도 했다. 이곳은 그간 과수 및 농경이 이루어지면서 수질오염이 우려되었고, 지대가 낮다 보니 매년 수해로 인해 농가의 보상시비가 잦았던 곳이었다.
그러다 최근 정부는 지몽골을 모두 사들여 농경지를 거둬 내고 지몽골생태공원으로 조성하였다.

습지의 중요성을 인식하여 하천수질오염원의 하나인 하천농경을 습지로 복원한 것은 매우 다행한 일인 것이며 금강 상류 최대 생태공원으로 거듭날 수 있다는 기대가 크다.

지몽골 한 바퀴 돌아 초강천을 건너 고당리로 새로 난 다리를 건너 보자.

옛 미루나무섬을 추억하는 이들은 영동 가는 기차를 타고 간이역인 심천역에 내려 고당리 앞 금강으로 놀러 왔었다. 고운 모래와 맑은 물속에서 멱감고 다슬기 줍고 물고기 잡던 강의 옛 모습을 이야기한다.

그러나 4대강사업으로 자갈밭 둔치는 보도블록이 깔리고, 인공 꽃밭이 만들어져 강이 보여 주는 자연미는 찾기 힘들다. 강 건너 구탄리 장동리 일대의 강변에는 버드나무가 무성하여 무인도에서 살아남는 영화인 '김 씨 표류기'를 촬영할 정도였다.

금강이 흘러가는 영동의 끝 아름다운 심천에서 금강정비사업의 얼굴을 대하노라니, 과거의 금강을 향한 그리움에 젖는다.

옥천

제6장

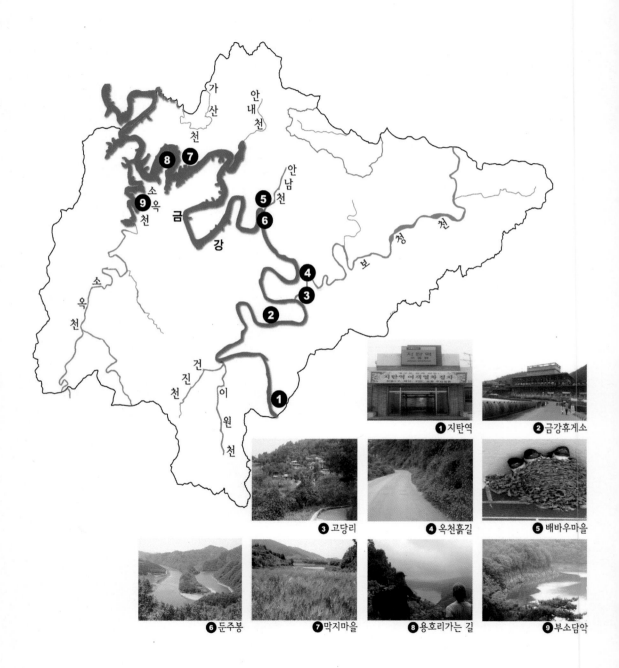

가산천
안내천
안남천
소옥천
금강
보청천
소옥천
건진천
이원천

8 **7**
9

5
6

4
3

2

1

❶ 지탄역

❷ 금강휴게소

❸ 고당리

❹ 옥천흙길

❺ 배바우마을

❻ 둔주봉

❼ 막지마을

❽ 용호리가는 길

❾ 부소담악

지탄역과 대전역 반짝 시장

영동의 심천을 지나온 금강은 옥천군 이원면 백지리와 지탄리를 거쳐 용방리에서 옥천의 상수원보호구역을 만난다. 백지리와 지탄리 우안을 따라 걷다가 이원대교를 건너 좌안을 타고 용방리까지 갈 수 있다. 단, 우기에는 강 수위와 잡풀이 우거지니 건기를 이용하자.

지탄역은 경부선 심천역과 나란히 붙은 간이역이다. 강가의 작은 마을인 지탄리에 경부선 지탄역이 개설되면서 마을의 삶의 질은 한층 높아졌다. 때문에 2007년 KTX로 인해 전국의 80여 개 간이역이 폐쇄된 곳 중 하나였지만, 주민들의 열화와 같은 바람으로 만 2년 만에 다시 개통하게 되었다.

하루에 한 번 서는 무궁화호는 대전역 앞 반짝 시장의 봇짐장수들이 주로 이용하는데, 아침이면 산나물, 약초, 마 등 농산물을 한 짐씩 이고 모여든다.

지탄역은 무인역이라 기차 안에서 역무원에게 기차 삯을 지불하자 20여 분도 안 되어 대전역에 도착한다. 어르신들은 플랫폼에서부터 경쟁하듯 뛰기 시작하는데, 목 좋은 자리를 잡아 물물거래하듯 순식간에 도매급으로 봇짐을 털어 내기 위해서이다.

서로 익숙한 얼굴들이지만, 단돈 천 원 갖고 고함도 지르고 쌈도 일어난다. 시간이 지나면 가격이 내려가고, 도시 미관을 해친다는 이유로 경찰관의 호각소리에 밀려 중앙시장 안으로 들어가야 하기 때문이다.

반짝 시장의 소란은 30여 분 만에 사람들이 떠나면서 고요를 맞는다. 많

지도 않은 3~4만 원 벌이. 그나마 기차가 서는 마을이었기에 조금만 새벽에
부지런 떨면 만질 수 있었던 쌈짓돈이다.

　대전역 새벽의 활기를 열어가는 광경 속의 주인공들은 바로 금강변 지탄
역과 심천역 주민들인 것이다.

경부고속도로 금강휴게소

동이면 적하리에서 금강을 지나는 수많은 교각과 경부선 상하행선 금강휴게소를 만난다.

　1964년 서독의 아우토반에 감명받은 박정희대통령은 1968년 경부고속도로 건설계획을 발표하게 된다. 현대건설에 의해 1970년 총 428km 구간의 경부고속도로가 개통되면서 전국은 일일생활권이 되었다.

　산을 뚫고 벼랑을 깎고 강물 위에 다리를 놓고 험준한 계곡을 흙으로 메우는 대역사는 불가능할 것이라는 우려 속에 진행되었고, 이 과정에서 순직한 77위의 위령탑은 경부선 상하행선이 모두 쉬었다가는 금강휴게소에 세워졌다.

　금강휴게소는 경부고속도로의 건설공로를 인정하여 현대건설이 운영하

게 되는데, 초기엔 호텔과 식당도 함께 운영하다 현재는 고급레스토랑과 견줄 바 없는 식당과 테라스까지 갖추고 금강의 멋과 맛을 함께 느낄 수 있는 휴게소로 다시 태어났다.

금강휴게소 앞 세월교가 있던 곳에는 대형 고무 보를 놓아 산세의 절경 속에서 풍부한 수량의 호반 금강을 느끼도록 하였다. 이곳에서는 수상스키와 요트, 오리배 등의 수상스포츠가 가능할 뿐더러, 여름철이면 많은 행락객들이 고속도로 교각 아래 그늘에서 물놀이와 누어낚시 등을 즐기고 있다.

금강휴게소 앞 고무 보 아래는 사실상 대청호 수위로 인한 강수위에 영향을 받는 시작지점이기도 하다. 반면, 정체수역을 형성하면서 여름철 다량의 녹조 등 수질오염이 증폭되기도 한다. 휴게소주변 행락객들을 상대로 한 포장마차 등도 수질오염을 가중시키는데, 이곳에서 유명한 음식인 도리뱅뱅이의 재료를 위해 투망 등 불법어로도구로 치어까지 싹쓸이하는 경우도 있다.

높은 벼루 고당리

금강휴게소에서 시작된 우안의 강길은 안남면 지수리 입구까지 12km에 걸쳐 이어진다. 이 길은 포장도로와 흙길이 섞여 있어 옥천 마라톤대회가 열리는 곳이며, 자전거로 달리는 향수백리길로도 유명하다.

그 길 초입에 새로 난 금강4교의 높은 교각을 프레임 삼아 올라앉은 산마을이 보인다. 저리 높은 곳에 어찌 사람이 살 수 있을까? 화전을 일구어 자리를 잡은 지 100년도 넘었다는 옥천군 청성면 고당리 마을이다. 지금이야 몇 대의 경운기가 그 일을 한다지만, 예전에는 집집마다 키우는 소가 해주면 좋고, 그도 아니며 호미와 곡괭이가 그 일을 했다.

高자는 높은 벼랑이란 뜻이고, 쑬자는 신라시대 군대를 의미한다. 백제에서 삼년산성 쪽으로 진군하기 위해서는 반드시 이 지역을 통과해야 하므로 높은 곳에 산성이 있었다는 이야기이다.

신라군의 루트를 보면, 삼년산성(보은)—굴산성(청산)—당재—관산성—탄현—황산벌로 이어지는데, 그 중간에 고당리가 있다.

마을로 가는 가파른 언덕을 오르면 발아래 금강이 한눈에 보인다. 사진 찍는 사람들이 새벽운무 걷히는 금강을 렌즈에 담기위해, 수수깡 심 엮어 만든 흙벽과 돌담이 그대로 남아 있는 마을이라 자주 찾는다.

빈집과 노인들만 남아 열 가구 남짓인데, 마을의 주 소득원이던 호두도 가을걷이 때에는 거둬들이기 힘들 만큼 힘에 부치다. 밭은 많아도 마땅히

지어 먹지도 못해 놀리고 있지만, 그거 일군 생각하면 팔아 치우기도 아깝다.

　마을 앞에 경부고속도로 새 다리가 생기면서 윙윙~ 하는 소리는 마을까지 진동한다. 처음엔 시끄러워 잠도 못 잤다지만, 이제는 자동차의 움직임마저 어르신들의 심심함을 달래는 위안이 된다.

합금리의 금강

보은군 상궁저수지에서 발원하여 내속리물을 껴안고 흘러온 보청천이 고당리에서 합류하는 지점은 하구기점 212km이다.

금강은 합금리와 청마리를 거쳐 종미리로 접어들 때까지 물길은 S자로 몇 차례 굽이친다. 치솟은 산 내려 깎은 골을 끼고 금강은 굽이굽이 돌며 포동하게 살찐 모습으로 흘러간다. 우안의 포장도로를 따라 강가펜션들이 하나둘 눈에 띈다. 강변으로 내려가면 둥글 넙적 자갈돌들과 햇볕에 달궈진 모래가 물길이 굽이돌 때마다 순서를 반복하고, 가을이면 마을에서 조성한 물억새의 물결이 장관을 이룬다.

강은 산줄기가 시키는 대로 굽이굽이 흘러간다. 휘어지는 곳에서는 너른 모래가 달래 주고, 곧게 뻗은 곳에서는 수직의 산허리가 내려다보며 위로 한다.

동이면에서 안남면에 이르는 구간은 대청호로 유입되는 시작점이다 보니 대청호 수위 차에 의하여 물 흐름도 달라지고, 살찐 정도도 달라진다. 여울지는 부분에선 하얀 포말을 일으키며 급하게 흘러가지만, 굽이치면 심하게 정체도 되어 녹조가 잔뜩 낀 듯 불투명한 색을 보여 준다.

연신 에스자로 굽이쳐서 돌아 온 길 뒤돌아보면 그게 그길 같은 착각. 그래도 강을 감싸고 있는 산줄기의 골을 보면 햇빛이 빚어내는 명암으로 인해 또 다른 길이고, 또 다른 물인 걸 안다.

합금리의 강가에서 동글동글 자갈과 호박돌들이 강변을 가득 메우니 수석감 찾는 이들이 자주 찾는다. 근래엔 이상히 생긴 돌뿐만 아니라 인테리어 마감재용으로 자그마한 돌들이 무차별하게 반출되고 있다. 강가에서 요행히 발견하는 나만의 기념돌멩이 하나쯤이야 눈감을 수 있다지만, 마대로 퍼 담아 가져가는 것은 자제해야 한다.

청마리와 돌탑

강 건너 청마리로 들어가는 정겹던 세월교는 최근 커다란 다리로 바뀌었다. 청마리 세월교에 앉아 아름다운 여울을 바라보거나, 빠르게 흘러가는 강물에 다리와 내가 떠내려가는 듯 착각을 일으키던 세월교였다.

청마리에는 우리 민속신앙의 원형을 잘 간직하고 있는 탑신제당이 남아 있다. 정월대보름마다 마을사람들은 탑신제를 지내는데 제신탑, 솟대, 장승, 산신당 총 4개가 충청북도 민속자료 1호로 지정되어 있다. 잡석을 원추형으로 쌓은 원탑과 긴 장대 끝에 달린 솟대, 장승은 사람의 모습을 통나무 위에 먹으로 그려 넣은 마을의 수문장이고, 산신당은 뒷산 소나무를 신목으로 모신 자연신 형태이다.

청마리는 원래 인근 사람들이 말티를 넘어 옥천읍으로 갈 수 있는 유일한 통로로서, 청마리에 들어오기 위해서는 반드시 강을 건너야 했다. 세월교가 생기기 전까지 대개는 나룻배를 이용했지만, 물이 불어 건널 수 없을 때에는 눈에 빤히 보이는 청마초등학교도 며칠 동안 갈 수 없을 정도였다. 이 강 건너 작은 마을에 학교가 지어지기는 참 쉽지 않았을 일이다.

폐교에는 오지학교에 빠지지 않는 반공소년 이승복 동상과 효자 정재수 동상이 이끼를 파랗게 뒤집어쓴 채 천진하게 서 있다. 청마폐교는 놀이학교인 야자학교가 들어와 있는데, 운동장 한가운데 느티나무가 그네 두개를 길게 늘어뜨리며 객을 반긴다.

최근 향수백리길 가운데 금강 길을 자전거로 달려 청마리로 들어와 임도를 타고 옥천읍으로 향하는 라이딩 인구도 점차 많아지고 있다.

옥천의 흙길

청마교를 지나며 강이 오른쪽으로 굽이돌며 넓은 모래밭과 자갈밭을 만든다.

고운 모래밭으로 내려가 신발을 벗고 맨발로 걸어 보자. 6월경, 발바닥의 따스한 감촉은 곧 뜨거운 느낌으로 이어져 금방이라도 물에 들어가 식히고픈 충동이 인다. 어른 아이 할 것 없이 팔짝팔짝 뛰며 강물로 파고든다. 시원할 것 같은 강물은 물 가장자리가 햇볕에 한껏 데워져 미지근하지만 그도 좋다.

도로로 올라오는 길목엔 보라색 갈퀴덩굴이 뒤덮었고, 경관작물인 밀 보리밭의 출렁임도 싱그럽다.

드디어 포장이 안 된 흙길을 만난다.

지금껏 걸어온 포장도로는 뜨거운 철판 같은 시멘트 길이었다. 비록 먼지 풀풀 나는 흙길이지만, 내딛는 발바닥의 충격을 완충해 줄 수 있어 훨씬

인체공학적인 길이다.

비가 오면 진흙탕이 되어 푹푹 빠지는 길, 자동차 바퀴가 홈을 파 군데군데 요철을 만드는 길, 달리는 자동차가 하얀 먼지를 일으키면 뒤돌아서 저마다 눈을 감고 코와 입을 틀어막는 수고를 해야 하는 길이 아닌가.

걷는 것을 즐기는 우리들에게는 금강에 유일하게 남아 있는 비포장 길이라 더 특별할진대, 흙길의 끄트머리 사는 안남사람들은 이 구간을 포장해 주길 간절히 원한다.

그러나 옥천군은 포장보다는 도로 파인 부분에 장비를 동원해 잔돌을 깔고 평평하게 미는 작업으로 흙길을 관리하고 있으니, 사람냄새 나는 흙길에서 비로소 사람과 강과 길이 하나가 되는 듯 길을 걸을 수 있어 다행이다.

강길이 북쪽을 향하고 있을 때는 조금은 습한 듯, 먼지 펄펄 날리는 흙길이 아니라 굳게 다져진 젖은 길이다.

8월의 칡꽃 향을 놓쳤다면, 9월의 찰나를 잡아 물봉선과 고마리가 분홍색의 낮은 꽃띠를 두르고 1km에 걸쳐 피어 있는 장관을 만나 보자. 멀리서 보면 분홍 키 작은 코스모스 길인 듯 착각을 주지만 저절로 자생한 물봉선이다. 그 지역주민들도 이렇게 아름다운 꽃길이 그 잠깐 동안 펼쳐짐을 아는 이가 적다.

찰나에 피어나 통통한 씨앗 땅에 후드득 떨어진 후 순식간에 사그라지는 그들의 천성 때문인지도 모르겠다. 한껏 차오른 물봉선 씨앗주머니를 건드릴 때마다 톡톡 터지며 몸에 전율을 주니 짜릿하고 재미있는 강길이 아닐 수 없다.

로드 킬

따뜻하게 달궈진 강가의 아스팔트길보다 오히려 습한 흙길에서 야생동물의 로드 킬을 더 자주 확인한다.

금강을 따라 난 많은 자동차도로는 산 사면에 면해 있어 육상생태계와 수생태계의 교량이 아닌 단절적 역할을 한다. 야생동물을 위한 이동통로가 전무하고, 도로로의 진입방지막이 없어, 자동차에 무방비하게 노출되는 것이다.

고라니, 너구리, 족제비, 다람쥐에서부터 뱀, 개구리 등 파충류에 이르기까지 야생동물의 로드 킬은 흔한데, 주로 로드 킬의 다발지역에서 빈번하게 발생한다.

로드 킬을 줄이기 위해서는 차단막 및 이동통로 등의 구조적인 대책도 있어야겠지만, 서행이 가능한 도로나 제방도로 등에서는 특히 뱀 등의 파충류를 발견했을 시 이들의 안전한 이동을 도와주는 배려가 필요하다.

또 한 번 로드 킬 당한 야생동물은 가장자리로 치워 주는 배려도 필요하다. 로드 킬의 방치는 정서적으로 좋지 않을뿐더러 재사고의 원인이 될 수도 있기 때문이다.

이동수단이 도보여행이라면, 자의든 타의든 간에 인간으로인 해 피해를 본 야생동물의 생명을 귀히 여기는 마음을 갖고 로드 킬에 적극적인 관심을 가졌으면 한다.

가시박의 공격

그러나 강을 보며 걷는 흙길에서 근심을 더하는 것이 있으니 바로 귀화식물들로 뒤덮인 강길이라는 것이다.

강가에 널려 있는 토착종 가운데는 우점하는 양상을 보이는 귀화식물이 많은데, 이들은 오래전부터 우리 땅에서 서로 어울리거나 세력을 확대시켜 가며 공생해 왔다. 의도적이든 아니든 우리 땅에 토착되어 여러 세대를 반복하면서 그다지 큰 문제를 만들지는 않았었는데, 무서운 포식자처럼 일대를 점령해 버리는 가시박의 번식력은 실로 놀랍기만 하다. 이들은 키 큰 나무 끝까지 올라가거나 들판을 뒤덮어 예술작품을 연상케 할 만큼 전위적이고 대담함을 보여 주는데, 금산에서 영동의 구간까지 상황은 아주 심각하다.

가시박은 지난 90년대 호박의 연작피해를 막는 대목으로 사용하기 위해 안동지방에 처음 수입되었다. 왕성한 번식력으로 하천이나 호수주변의 토종식물이나 도로변 조경수 등을 휘감고 올라간다. 호박잎 같은 넓은 잎으로 햇빛을 차단해 나무와 풀을 고사시켜 심각한 우려를 낳고 있는 식물이다. 1년생으로 한 줄기에 약 1,000여 개의 씨앗이 맺히며, 서리가 내릴 때까지 꽃을 피워 낼 만큼 번식력이 왕성하다.

이에 환경부는 가시박을 생태계교란야생동식물로 지정하여 제거하고 있는데, 새순이 올라오는 4월부터 6월초까지 일일이 뽑아내는 작업이 가장 정확한 제거작업이다.

가덕교 아래 여울

더딕이라 불리던 가덕리로 들어가는 가덕교를 만난다. 다리가 없던 시절, 가덕리 앞 어신여울은 여울물살을 이용해 물레방아를 돌렸었다. 쌀과 보리밀을 찧었는데, 인근 합금리와 고당리에서도 방아를 찧으러 왔었다.

가파른 산이 전부인 합금리 사람들은 가덕리에 농사를 지으러 여울을 건넜고, 가덕리 사람들은 합금리에 조상의 묘소를 모시러 여울을 건너 다녔다. 그 여울에 가덕리 주민들은 십시일반 돈을 걷어 세월교를 건설하였다.

커다란 가덕교가 생기면서 세월교는 차츰 물살에 닳아 모습을 잃어 가고 있지만, 금강을 찾은 이들에게는 강 가운데를 가로지르는 더없는 쉼터가 되고 있다.

지수리와 도랑 살리기

금강흙길은 지수리 입구에서 끝이 나고, 강길을 따라 2.5km 다시 포장도로를 따라가면 종미리에 닿는다.

지수리를 통해 안남 배바우마을로 가자면 고갯길을 올라가야 하는데, 지수리의 수동마을과 잔다리마을은 물포럼코리아가 주관하는 도랑 살리기 사업이 초창기에 도입된 마을이다.

마을 내 집 앞 도랑이 살아야 하천이 살고, 강이 살 수 있다는 원칙에 입각해 마을주민들이 적극적으로 협조하여 하천수질정화 및 환경개선에 솔선수범하고 있는 것이다.

크게는 포클레인을 동원해 마을 앞 도랑 안에 버려졌던 전봇대며 각종 덩치 큰 쓰레기를 제거하고, 작게는 삽과 곡괭이를 들고 퇴적된 쓰레기들을 긁어모으는 작업부터 진행된다. 이후로 주민들은 마을하천에 쓰레기나 오수를 버리지 않고, 하상에 고마리나 미나리 등을 식재하는 등 관심과 애

정으로 도랑을 돌보는데, 마을사람들의 의식변화가 중요한 성공 포인트라 할 수 있다.

작은 다리들이 많았다 해서 지어진 잔다리마을에 들러 마을 앞 도랑에 틈이 없을 정도로 빼곡히 메운 수질정화 식생을 살펴보는 것도 좋을 것이다.

종미리 미산마을

누런 들을 바라보며 옹기종기 모여 앉은 종미리 미산마을은 마을뒷산이 낮고 고사리같이 퍼져 있다 하여 지어진 이름이다.

마당엔 벌써 햇볕에 말리는 고추가 가득 차지했고, 늦여름의 꽃을 탐하는 꿀벌들의 일손도 볕 아래 바쁘다.

대청댐이 생기면서 마을 대부분이 수몰되어 작은 마을이 되었지만, 마을에서 수살맥이라 칭하는 선돌이 마을을 수호하고 있을 만큼 선사시대 때부터 사람들이 모여 살았던 터이기도 하다. 금강이 조망되는 언덕위에는 율곡의 학덕을 숭모하던 경율이 후학을 길러내던 서당인 경율당(도지정문화재 제194호)이 있다.

연주리 배바우마을

안남면소재지인 배바우마을은 도덕리 덕실부락을 흐르는 냇가에 바위가 배를 닮았다고 해서 배바우라는 이름을 갖게 되었다. 먼 훗날 마을에 물이 들어와 바위가 물에 가라앉을 것이란 예언이 맞기라도 하듯, 대청댐 담수가 되자 금강은 물이 불어 마을까지 들어와 찼다. 배바위는 물에 가라앉은 듯, 수면 위로 올라오니 배가 물에 뜬 형상과 일치하게 된 것이다.

대청댐으로 인한 수해와 수몰로 마을규모는 작아지고, 인구는 감소했으며 논 작물은 밭작물인 보리로 바뀌게 되었다.

그러나 과거에는 옥천읍에서 청성으로 가는 길목이 바로 피실 나루와 연주리마을이어서 도선장과 역촌이 있을 만큼 번성한 마을이었다. 실제 일제강점기만 해도 안남지서 옆으로 목탄차가 지날 정도였을 만큼, 교통의 요

충지였고 물자가 풍부해 장도 크게 섰던 곳이었었다.

　현재 배바우마을은 대청호 상류마을 가운데 마을 만들기와 주민연대가
모범적으로 이루어지는 곳으로, 세대를 뛰어넘는 마을 만들기 사업은 후대
를 위해 진정 현세대가 무엇을 해야 하는지를 잘 보여 주고 있다. 마을도서
관, 노인정, 마을청년회, 농민회 등 활발한 주민연대활동은 마을주민들과
어우러져 매우 활발하다.

제비와 동거하는 우체국

배바우마을의 또 하나 자랑거리는 바로 신작로에 줄 지어 있는 처마 밑 제비집이다. 6월이면 강남 갔던 제비가 돌아와 제비집을 보수해 새끼를 키우는 모습이 비일비재이다.

자동차나 오토바이가 요란하든 말든, 사람이 둥지 아래를 드나드는 슈퍼나 정미소나 경유 집이나 종묘상 할 것 없이 어디를 가나 처마 밑엔 제비 둥지가 있고, 새끼에게 연신 먹이를 물어 나르느라 낮게 나는 모습을 볼 수 있다.

특히 안남우체국 간판 아래 지은 제비집이야말로 체신청이 로고와 잘 어울리는데, 전국 어떤 우체국이고 자신의 로고 아래 둥지를 지은 제비는 없을 것이다.

실제 진안우체국은 제비관찰프로젝트를 벌일 정도로 우체국과 제비의 존재가치를 중요하게 여겼다. 바로 제비가 상징하는 친숙, 빠름, 친환경, 모성, 고향, 귀소, 청정, 환경이미지 때문일 것이다.

배바우마을처럼 제비를 반기고 사랑하는 동네가 또 있을까. 이들과 동거를 자초하였기에 분변 등 자잘한 신경거리들이 산재하지만, 인간과 새가 공생하는 것을 당연으로 알고 귀히 여길 줄 아는 것이다. 안남동네가 흥부네 식구들로 가득한 이상, 안남 배바우 마을사람들은 내리내리 크게 성하고도 남을 일이다. 배바우마을이야말로 고향이자 청정지대이며 친환경을 실천하는 대청호상류의 살기 좋은 마을이 될 수 있는 것이다.

금강이 한반도를 그리는 둔주봉

배바우마을 한 바퀴 돌았다면, 연주리 뒷산 밑에까지 배가 둥실 떠다
녔다 해서 이름 지어진 둥실봉, 즉 둔주봉에 올라 보자. 둔주봉의 높
이는 384m, 조망대의 높이는 275m로 금강이 거꾸로 된 한반도의 모
습을 볼 수 있는 곳은 조망대에서이다.

둔주봉 가는 길은 안남초등학교 교문 우측 길로 둔주봉 안내도가
있다. 오르는 길은 두 갈래가 있는데, 에둘러 가는 좌측 길은 경사가
다소 급한 반면, 우측 길은 돌아가느라 길지만 완만하다. 여유 있는
길에 들면, 효자비가 있는 정각을 지나 옥수수가 익어 가는 밭들이 즐
비하다. 6월의 골 진 경사 밭에 줄 지어 있는 옥수수 밭은 마치 강원도
산골의 옥수수 밭에 와 있는 듯하다.

초롱꽃과 쑥부쟁이 오디잔치에 입술 물들이며 두 번째 둔주봉 안내
판을 만나면 마을사람들이 정성껏 만든 흙 계단을 만난다. 그늘 진 숲
속은 소나무, 참나무 등 적당히 숲 가꾸기를 해 정리했다. 급경사 두
세 번과 쉼터 한 곳을 지나면 이내 봉우리 위에 우뚝 솟은 정자를 만
난다.

정자에서 내려다보이는 금강은 바로 거꾸로 된 한반도 지형이다.
백두대간도 있고, 동해바다도 있으며 서해갯벌도 있는 것이 신기하
다. 대청호가 만수위일 때에는 종미리 벌판의 옥수수 밭이 모두 물에
잠기고, 피실에서 나오는 강길도 물에 잠긴다.

정자에 앉아 둔주봉으로 불어오는 바람 한 번 맞으며 땀을 식히고 다시 하산한다. 안내판과 화장실이 있던 곳에서 마을이 아닌, 좌측의 비들목재를 지나 피실 나루터로 간다.

피실나루에서 독락정으로

피실까지는 시멘트 포장도로이지만, 계곡 따라 물소리가 청명하고 좌우 식생은 자연생태가 잘 보존되어 시멘트 길도 지루하지 않다. 뜨거운 포장도로의 열기에 이동하다 죽은 사슴풍뎅이 등 곤충이나 지렁이의 사체가 많은데, 그만큼 건강한 숲인 것이다.

　피실은 과거에 나루터가 있던 곳으로 옥천읍에서 수북리를 거쳐 피실나루에 이르면, 배에 버스까지 싣고 여울을 건너 비들목재로 해서 안남 장으로 통했던 곳이었다.
　지금도 갈수기엔 피실 여울을 건널 수가 있는데, 여울을 건너 석탄리 임

도를 따라 지석묘가 있는 안터마을까지 이어지는 트레킹도 추천할 만하다. 다만 여울 물길을 잘 아는 이가 동행하지 않으면, 모래바닥이 푹 꺼져 자칫 깊게 빠져들 수 있으므로 주의를 요한다.

피실부터 강 우안을 따라 괴생이로 향한다. 괴생이는 고성, 즉 높은 곳에 있는 성이란 뜻으로 담수되기 전에는 마을이 있던 자리였다.

산기슭에 안전용 밧줄을 달고, 옷깃 스치는 가지는 적당히 잘라주고, 발길 닿는 곳은 평평하게 다듬어 놓은 길이다. 바로 배바우마을사람들이 삽과 괭이를 들고 만든 길인 것이다.

백년을 내다보는 생태박물관 마을을 꿈꾸며, 대청댐 수몰로 잊힌 길을 복원하여 다시 사람발길 찾아드는 길로 만든 것이다.

피실에서 독락정까지 5.5km 구간이다. 독락정에서 괴생이까지는 자동차가 사뭇 들어오는지, 깊게 패인 바큇자국도 그렇고 군데군데 고기를 구워먹고 흘리

고 간 자국도 그렇다. 몰래 숨겨 둔 쓰레기들이 눈살을 찌푸리게 하지만, 6월의 단 오디가 지천에 깔려 있어 따 먹는 잔재미가 더 크다.

드디어 종착지인 독락정(獨樂亭, 옥천군 지정문화재 제23호)이다. 연기군 남면 금남교 옆에 있는 독락정(獨樂亭, 연기군 지정문화재자료 제264호)과 이름이 같다.

1607년 선조 때 주몽득(周夢得)이 건립한 정자로 선비들이 시를 읊고 서당으로 쓰이기도 했다. 둔주봉 아래 금강을 조망할 수 있는 최적의 경치를 즐길 수 있는 곳에 위치한 정면 3칸, 측면 1칸의 정자는 사각의 돌담 안에서 단아한 멋을 뽐고 있다.

　정자 마루에서 바라보는 금강의 경치는 과연 어떠했을까. 마루에 올라서
금강을 보려 하는데, 독락정 앞에 거대 양수장이 가로막고 있어 금강을 볼
수가 없다. 독락정과 금강의 조망은 떼려야 뗄 수 없는 관계이거늘, 현세
의 사람들에게 독락정은 그저 옛날 기와집 한 채일 뿐인가 보다.

강가에 보리밭이 있었던 막지리

금강은 옥천군 군북면 장계리에 이르러 장계국민관광단지를 지나 우안에서 막지리에 접어든다. 막지리라는 이름은 우암 송시열선생께서 이곳을 지나가다 보리가 많은 것을 보고, 맥계(麥溪)라 이름 지은 것이 맥기—막지로 변했다 한다.

막지마을로 들어가기 위해선 안내면 502번 도로를 따라오다 답양리에서 4km 산고개로 들어오거나, 강 건너 맞은편 37번 국도변 소정리 나루에서 하루에 두 번 있는 배편으로 들어간다.

대청호가 생기면서 금강 가에 있는 마을 가운데 가장 수몰피해를 많이 입은 곳이 옥천군 군북면이요, 그 가운데에서도 군북면의 가장 끄트머리에 있는 막지리 마을이다. 1979년만 해도 이 마을은 무려 120호가 강가에 내

려앉아 옹기종기 모여 살았지만, 정작 지금 강가에 보이는 집이라고는 10여 호밖에 살지 않는다. 대청호 너른 호수 옆인데도 정작 산간계곡수를 받아 간이정수하거나 지하관정을 이용하고 있다.

과거에는 드넓은 개땅에서 천석의 보리를 일궜지만, 지금은 산밭에 고추나 심고 코딱지만 한 논과 쪼그마한 땅뙈기에 벼농사를 짓는다. 물고기 잡는 어부는 한 명이고, 잦은 안개로 콩은 결실이 안 되고 병충해도 많아서 농사는 잘 될 일이 없다. 그나마 수질보전특별대책지역, 개발제한구역, 자연환경보전지역 등 각종 제한구역이 옥천군 관내에서 가장 많다 보니 인구가 자꾸 줄어드는 마을인 것이다.

산길에서 내려와 마을 한 바퀴 돌고, 나루터 가는 길을 따라 선돌 몇 기를 지나면 강변에 닿는다. 나루터 가는 길은 맥랑의 물결이 싱그럽고, 개땅에는 메꽃이 분홍꽃밭을 뒤덮었다. 이따금 한바탕 진흙목욕을 하고 간 멧돼지가족의 흔적과 수달의 흔적이 있는 막지리의 강변이다.

장치고 간다는 것은

수몰되기 전에는 막지리의 금강줄기를 따라 안내면 장계리까지 백사장이 4km가 넘었고 마을 앞으로는 1만 평의 소나무 숲이 있었다. 솔밭 운동장에서는 배구, 육상, 씨름도 잘했는데 배구시합을 나가면 옥천군에서 늘 1등을 했다.

일대 세 개 면에서 나오는 보리가 이 동네를 못 당할 만큼, 맥기땅이 땅 중에서 제일 상답이었다. 딴 데서 100평에 한 가마니를 내면, 여기선 두 가마니를 냈고, 한 길을 파도 돌멩이가 안 나왔을 만큼 땅이 좋아 마늘하면 맥기마늘, 소하면 맥기소, 장에 가면 여기 것이 다 최고였다.

하도 농사거리가 잘 되니 동네는 부자가 많았다. 다른 동네 사람들이 하도 억세다고 물가 놈들이라 불렀을 만큼, 잘살면서 사람들이 많으니 억셀 수밖에 없었다.

당시만 해도 여울을 건너거나, 나룻배를 이용했는데, 나무를 베어다 나룻배를 만드는 일은 목수 넷이 달려들어 한 달을 만들었다. 때문에 동네 사람들은 건립을 나가 마을 돈을 벌어 왔는데, '이를 장치러 나간다'고 했다. 대개는 다른 지역의 장날에 그 지역 장사들과 주먹으로 싸우지 않고 씨름이나 팔씨름으로 싸웠는데, 장치러 갈 때는 꼭 풍물이 같이 들어갔었다.

풍물하면 맥기마을이었을 만큼 우리 마을은 풍물을 잘했다. 사물놀이 김덕수 씨도 지금 유명하지만, 김덕수 작은아버지를 비롯하여 전 씨름협회 회장의 부친인 최경일 씨도 모두 막지리 사람으로, 원래 상쇠면서 상모도 잘 돌리고 힘도 장사라 씨름선수였다. 전국을 돌아다니면서 씨름을 하고 풍물을 치고. 근립을 해서 소 같은 거 몰아오는데, 한마디로 마을에 돈을 벌어 오는 것이었다.

대청호 최대 수몰지역 군북면 용호리

막지리에서 물이 두 굽이돌면 용호리를 만난다. 소옥천과 금강이 만나는 맞은편에 용호리가 위치한다.

용호리라는 이름은 강가에 흑색 이무기와 황색 이무기가 한 쌍을 이루어 살았다는 전설이 내려오는 용호소라는 늪이 있어 지어진 이름. 수몰된 자리에 있던 용호 소는 옥천군에서 대표적으로 기우제를 지내는데, 당일에 바로 단비가 내렸다고 한다.

용호리는 안내면 502번 도로를 타고 답양리에서 막지리 방향으로 1km 들어오다가, 막지리와 용호리의 갈림길에서 용호리 방향으로 4km 임도를 걸어 들어온다.

막지리로 들어가는 길은 그나마 포장이 되었지만, 용호리는 비포장 길로 자동차도 다니기 힘든 그야말로 오지 중의 오지이다.

마을로 들어가는 숲 속 임도는 하늘을 가리는 나무그늘 속이라 한낮인데도 어두컴컴하다. 임도 주변의 산림 식생이 다채롭고, 인적 없어 한산하기만 하다.

임도 숲 터널을 2km 걸어 산 고개를 넘자마자 탁 터진 조망이 이어진다. 해발 300m 낭떠러지에 낸 임도에서 바라보는 금강의 조망은 멀리 고리산을 배경으로 강이 휘어 돌며 석호리반도를 만들고 있다.

마을까지는 내리내리 내리막길. 그 내리막길 끝에 용호리마을은 요새처럼 숨어 있어 6 · 25동란도 피해 갈 수 있었다. 과거에는 비옥한 땅에서 보리, 담배, 콩, 누에 등을 특산품을 생산하며 강 밑으로 100여 호의 가구가 살았었다.

수몰 후 주민들은 죄다 떠나갔고 위로 올라온 지 30년 동안 마을을 지키

고 있는 원주민은 염종득씨 한 사람이다. 원주민을 포함해 달랑 5가구가 흑염소와 인삼 도선업을 하며 살고 있다.

　마을에는 수몰 전 파평염 씨 세거지였던 사당이 남아 있고, 나루터로 가는 길에는 키 큰 선돌 2기가 양쪽에 서 있다.

　100여 호에서 5가구로 줄어든 용호리는 대청호에서 가장 피해를 입은 마을일 수 있다. 법정 동으로는 용호리이지만, 이웃 석호리 이장의 관할부락이 되었을 만큼 인구가 줄어들었기 때문이다. 사실 대청호 상류마을주민들을 위한 물이용 부담금은 최대 피해지를 최우선 적용해 주민사업이 이루어져야 함에도, 인구수대로 적용하다 보니 혜택을 아예 포기해야 하는 형편이다.

　인근 석호리나 추소리 등 가고자 하는 곳에 데려다 주시는 도선 사공 박수성 어르신은 원래는 재일교포셨으나 과거 부산에서 대청호 가두리양식장에 책임자로 왔다가 아예 용호리 마을에 눌러앉게 된 분이다. 1930년생이라 믿기지 않는 외모와 체력을 풍기는 것은 사람과 단절된 오지마을에서 마음을 비우고 사시니 그러한 것 같다.

　강촌마을을 구경하고, 어르신이 운전하는 배를 타고 강을 건너보는 것은 어떨지. 운임은 1인 5천 원이다.

추소리 부소담악

같은 군북면임에도 용호리에서 추소리까지 자동차로 40분 걸릴 길을 용호리사공의 배편을 이용하니 금방 왔다. 배가 소옥천을 따라 거슬러 올라가다 추소리 강변 적당한 나루에 내려 주셨다.

추소리는 서화천이 뱀같이 굽이쳐 흘러 바위가 솟으니 경치가 좋고 물이 고여 못(沼)같이 되었다 하여 붙여진 이름이다. 실제 서북쪽에서 고리산이 뻗어 내려온 병풍 같은 절벽과 서화천이 감싸고 돌면서 부소담악을 만들었는데, 그 경관이 하도 빼어나 우암 송시열 선생은 이곳을 '소금강(小金剛)'이라 불렀고 군북8경 중 하나이기도 하다.

부소담악으로 들어가 만나는 추소정에서 소옥천의 게터를 바라보노라면, 대청호 수몰로 수장된 집터와 방구들 장독과 담장 등이 선연하게 남아 있다.

부소담악 깊이 들어가자니, 기개 좋은 소나무가 입구를 호위하듯 지고
떡시루 같은 바윗돌과 기암괴석이 가는 길을 더디게 한다.
　바위절벽 아래는 시퍼런 물길, 바윗돌 틈새는 푸른 소나무가 어우러진
12폭 병풍, 그 속에서 나도 그림이 되었다 나온다.

보은

제7장

은운리 가는 길의 답양리 | 은운리 마을에서 가산천을 따라
우리나라 대표적 오지마을 을메기마을
분저실마을

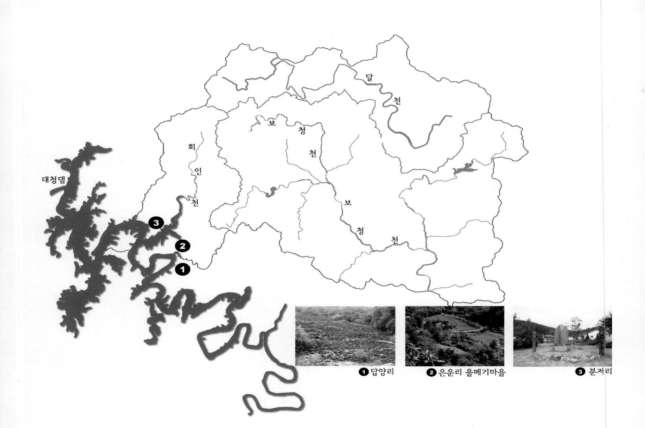

대청댐

달
천

보 청
천

회
인
천

보
청
천

❸

❷

❶

❶ 답양리   ❷ 은운리 을메기마을   ❸ 분저리

은운리 가는 길에 답양리

옥천 군북면을 지난 금강이 가산천을 만나며 보은에 접어든다.

보은에서 금강과 합수하는 지류하천으로는 회남에서 발원하는 가산천과 회북에서 발원하는 회인천이 있고, 속리산에서 발원한 보청천이 보은군의 너른 들을 적신 후, 옥천의 청성면으로 들어와 고당리에서 금강과 만난다.

가산천을 끼고 회남면 은운리에서 분저리로 가는 길은 수몰로 오지가 된 을메기마을과 대청호조망이 아름다운 구름재를 넘는 트레킹코스이다.

우선 은운리로 가기 위해서는 옥천군 안내면 답양리로 들어가야 한다. 안내면 율티고개를 넘으면 오른쪽은 청주로 가는 길, 왼쪽은 답양리로 가는 외길이다.

옥천 군북의 막지리와 용호리마을 가는 길도 바로 이 답양리 502번 국도로 가는 길이다.

가산천을 끼고 가는 옥천군 안내면 답양리(畓陽理)는 논이 있는 양지바른 곳이란 뜻으로 주변산세가 험악함에도 불구하고 그나마 농사짓기 좋은 골짜기이다. 화골의 가산천 옆에는 신라 선덕여왕 19년에 창건해 후에 영규대사와 중봉 조헌선생이 중수한 가산사(충청북도 지정기념물 제115호)가 있다. 임진왜란 때 영규대사와 중봉선생이 오가며 시국을 걱정한 나머지 의병과 의승군을 모집하여 나라를 구하고자 모의하던 곳으로 유명하다.

답양리는 판석이 유명해서인지, 집집마다 담장은 잘 쌓은 판석이요. 마을입구 금줄 맨 할머니·할아버지탑의 돌도 죄다 판석이다. 도로를 따라 판석으로 뒤덮인 산들을 만날 수 있는데, 돌을 캐낸 자리를 폐석으로 복구해 놓은 모습이 아주 정교하고 이색적인 경관이다.

판석은 방구들, 건축재, 고기 굽는 불판 등으로 사용하는 편마암을 일컫는데, 답양리의 판석은 전국에서 알아주는 품질을 자랑한다. 한때는 판석 광산이 5개에 달하였지만, 지금은 하나만 명맥을 유지하고 있다.

운운리 마을에서 가산천을 따라

구름도 숨는다는 은운리(隱雲里)의 지경마을에 접어들면 마을노인정을 중심으로 몇 안 되는 집들이 적막감을 준다.

지경마을 안을 흐르는 개울이 옥천의 답양리와 보은의 은운리를 경계짓다 보니, 한 동네 살면서도 다른 지역주민으로 살고 있는 특이한 경우이다.

마을은 이미 노인들만 남았으나 지금도 부지런히 산밭을 매며 하루를 소일하고 있는 모습을 정갈하게 매어진 밭고랑을 보면 알 수 있다.

하루 세 번 들어오는 옥천 22번 버스종점이 여기이고, 도로포장은 여기서 끝나니, 하루 종일 텅 빈 도로다. 그러니 가을이면 호박고지, 무말랭이, 고추나 말리는 평상으로 사용될 수밖에.

이제 왼쪽에 가산천을 끼고 비포장도로를 한참 들어간다. 길은 급격히 좁아지며 산비탈 나무들을 스치며 지나간다.

숲도 깊고 물도 깨끗하여 노닐다 가기 좋은 가산천이지만, 대청호에 인접해 있는 수변구역이다 보니, 행락객들의 진입이 계도되는 관리의 지역이기도 하다.

숲의 질서가 잘 지켜지는 듯한 깊은 산속이다. 햇살에 역광으로 산 얼굴이 비추이니 제법 원숙하게 나이를 먹어 가는 산의 얼굴을 보여주고 있다. 깊은 숲의 골을 가로지르는 가산천을 따라 물 먹으러 내려온 다양한 새들의 지저귐과 놀라 달아나는 산짐승들을 쉬 발견한다.

가산천 물줄기를 몇 굽이돌았을까. 아주 오래됨 직한 어르신 둥구나무가 물가에 서 있다. 여기가 동네의 시작이었을까? 수몰로 마을이 사라졌지만, 어림잡아 삼백 년은 되었음 직한 느티나무가 동네 어귀에서 꽤나 사랑받고, 믿음을 주었을 것이다.

좋은 날에는 막걸리 꽤나 받아마셨을 어르신나무이건만, 이제는 객들만 쉬어 가는 외로운 나무가 되었다.

생명력 활발한 동네였음을 짐작하는 또 하나의 증표가 정겹게 서 있다. 새마을운동을 열심히 하자고 네잎클로버 도장을 진하게 찍은 흔적. 4H클럽이라 초록으로 쓴 글자. 날카로운 무엇인가로 성글게 긁어내 바탕색 지워진 하얀 비석. 자세히 보니 글씨가 음각이 되어 있는 비석. 모두가 한데 어울려 소박하다.

그 시절의 새마을운동은 너무나도 거센 물결이었기에 고인돌을 일으켜 써 넣기도 했고, 문화재 급의 금석에도 써 넣기도 했을 것이다. 하기야 나 먹고 살기도 바쁜 시절, 문화재가 밥 먹여 줄까.

우리나라 대표적 오지마을 을메기마을

다시 작은 마을을 만난다. 우리나라에서 대표적 오지 중 하나라는 을메기마을(언목마을)이다.

3가구가 사는 을메기에는 폐가가 곳곳이고, 산으로 둘러싸인 하늘은 손바닥으로 가릴 수 있을 만큼 작고 가깝게 느껴진다.

산에 갇히고 골짜기에 숨어 버린 마을은 사람이 살 것 같지 않을 만큼 너무도 비밀스럽다. 이렇듯 숨죽은 마을에도 키 크고 오래됨 직한 은행나무는 가지가 부러질 듯 은행열매를 주렁주렁 달고 있다. 세월은 흘러 마을은 변했어도 나무는 변함없이 부지런히 생을 이어 가고 있는 것이다.

이따금 옥천향수길을 라이딩하는 자전거 객들이 은운리와 분저리고개를 넘어가는 것을 만나니 반가움에 서로 인사한다.

울퉁불퉁한 임도를 굽이굽이 한 모퉁이 돌 때마다 재아래 먼발치는 한길

아래로 보이고, 먼 산등성이 뒤로 또 다른 산이 겹겹 나타나는 아름다운 풍경, 아름다운 산행길이다.

되돌아 내려다보매 을미기마을이 보인다. 좀 전 마을에서 보면 하늘이 손바닥만 했었는데, 이제 마을이 손바닥보다도 작게 보인다. 과연 오지 중의 오지마을이란 말을 실감한다.

길은 비포장도로로 큰 비에 도로가 부분 유실되는 일이 많아 자동차 통행이 원만할 것 같지 않다. 임도 한편은 낭떠러지요, 한편은 산을 깎아 만들었기에 살이 훤히 보여, 이 산의 토양을 잘 말해 주고 있다. 토양은 절리에서 떨어져 나온 편리들이 만들어 낸 가루로 더러는 황색으로 더러는 흙색으로 다양한 광맥을 이루고 있다. 암반층이 두껍다 보니 소나무 뿌리가 깊을 수 없을 거고, 그러니 몸뚱이가 길게 솟구쳐 힘껏 자랄 수 없는 모양일 것이다.

고갯마루에 올라서니 저 멀리 금강이 보인다. 지리산 구름의 바다가 걷히고 나면 능선의 파도가 밀려오듯, 저 보이는 풍경이 바로 지리산 능선의 바다와 다를 것이 없다. 산 너머 산, 병풍처럼 겹겹이 둘러싼 전경 속에 환산이 보이고, 호수처럼 풍성하게 들어앉아 있는 금강의 대청호가 S자로 발치 아래 흘러가고 있는 것이다.

분저실마을

이제 내리막길은 분저실마을에 닿는다. 발걸음도 힘차게 내려걷는 길은 오르는 길과 다른 잘 정돈된 길이다. 구름재 임도는 분저실마을 뒷산의 산허리를 따라 내려와 분저실마을의 웃말에서 끝이 난다.

분저리(分儲里)는 고려 최영장군이 군량미를 분말하여 저장했다는 데서 유래하여 분저곡 또는 분저실로 불려 왔다. 실제 최영 장군이 기마병을 조련했다는 말바탕과 군사들을 쉬게 했다는 막장, 임진왜란 때에는 의병들이 군막을 치고 주둔했다는 군막골도 남아 있다.

분저리로 들어오는 판장교가 생기기 전에는 분저나루를 이용해 마을로 들어왔다. 1980년 대청댐 담수로 일부가 수몰되었지만, 대청호 담수에도 불구하고 산을 개간한 밭 등이 있어 회남면 최대 농경지를 갖고 있다.

분저리마을은 녹림부 녹색농촌체험마을로 마을 앞을 지나가는 매봉재는 서탄리−분저리−용호리−거교리로 가던 옛길이었지만, 지금은 사용하지 않아 등산로를 만들어 체험자원으로 활용하고 있다. 또한 폐교를 활용한 목재학교, 각종 농사 체험 프로그램을 하고 있으며, 대청호 장승제를 이어오고 있다.

청원

제8장

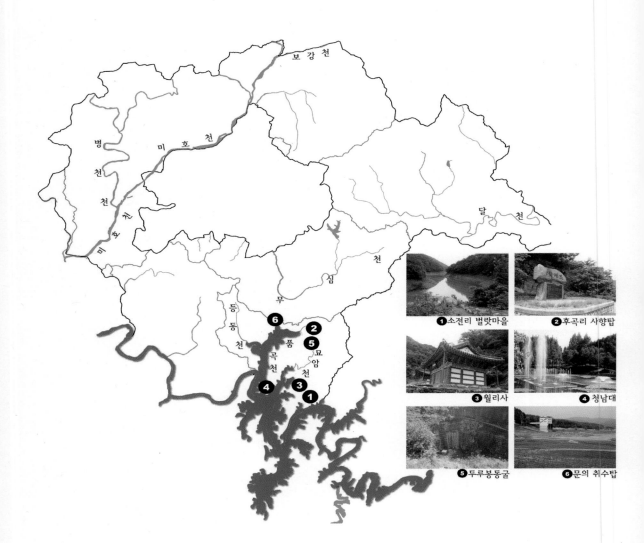

보강천

병천천

미호천

달천

심천

무

등동천

곡천

품

묘암천

① 소전리 벌랏마을

② 후곡리 사향탑

③ 월리사

④ 청남대

⑤ 두루봉동굴

⑥ 문의 취수탑

보은군 회남면을 지난 금강은 청원군 문의면에 들어와 대청댐까지 27.5km를 흐르는 동안 호수 속이다.
금모래 품었던 마을 앞과 강여울, 강나루들은 모두 살찐 호수가 집어삼켰다.
문의면 대청호반에는 여전히 가족과 이웃 그리고 마을과 농토들을 추억하는 사람들이 물밑 고향을 그리
며 고향 언저리에서 살고 있고, 그 사람 사는 마을과 마을을 이어 주는 길이 있다.
그들에겐 세상과 소통하는 유일한 길이지만, 물사람들에게는 아름다운 대청호를 느끼며 걷는 길로, 마을
의 과거를 더듬으러 찾아가는 여행길로 사랑을 받고 있다.

소전리 가는 길

보은을 벗어난 금강이 문의관내 들어와 첫 번째 만나는 소전리 벌랏마을은 강가에 있는 마을이면서도 산 속에 있는 마을이다. 벌랏마을로 들어가기 위해서는 염티재 쪽에서 고성말랑 고개를 넘어 내려가든지, 금강을 따라 벌랏나루터로 들어가야 한다.

지금은 나루를 거의 이용하지 않지만, 이따금 군북면 일대의 사공들이 모는 농선을 타고 나루로 들어오기도 한다.

뱃길이 끊기면서 고성말랑 고갯길이 마을입구가 되었고, 그 길로 들어오는 길은 청원의 동막골로 가는 길인 것이다.

소전리 가는 길은 문덕리 509번 도로의 염티삼거리에서부터 출발한다. 염티는 금강하류에서 올라온 소금을 부강나루에서 받아 보은 일대로 대기 위해서는 이 고개를 넘어가야 했다 한다.

염티삼거리에서 소전1구 벌랏마을까지 7km, 소전2구에서 후곡리방향으로 7km는 참으로 걷기 좋은 호반길이다.

은사시나무 가로수 속에 차량과 인적이 드물뿐더러, 숲의 기운과 호반의 조망이 반복되니 호젓하게 걷기는 안성맞춤이다.

남은 거리를 일러 주는 벌랏마을 이정표와 대청호반 마라톤코스임을 알리는 가호리길 안내판을 자주 볼 수 있다.

염티삼거리에서 500여 m 들어가다 월리사 안내판을 본다. 잠시 한눈팔듯 2km여 산길을 들어가면, 인적은 전무하고 풀벌레와 새소리만 즐겁다.

문의면 문덕리에 소재한 월리사는 구룡산 서쪽 기슭에 자리한 법주사의 말사로, 신라의 고승 의상대사가 샘봉산 아래 절을 짓고는 보름달의 청정함에 깨달음을 얻어 월리사라 이름 지었다.

월리사에 있는 전각은 대웅전, 삼성각, 요사 등 모두 3동으로, 팔작지붕과 대웅전 안의 천장도 아름답고, 대웅전 벽에 단청 입히지 않은 것도 좋다. 가장 멋진 것은 세월의 무게를 바치고 있는 천연스러운 모습의 주춧돌이다.

대청호반길을 걸으며 호수가 가물 때는 드러난 개흙을 메운 풀빛이 연초록으로 곱다. 가득 담수했을 때는 호반에 펼쳐진 아기자기한 다도해가 소담스럽다.

봄이면 아카시 꽃과 철쭉꽃의 향연에 눈과 코가 즐겁고, 도열한 은사시나무에 전기드릴을 쓴 듯 정교하게 낸 딱따구리의 구멍집도 많아 재미있다. 자동차가 드물다 보니 제 세상인 듯 퍼져 자다 유명을 달리한 뱀과 사마귀의 로드 킬도 자주 볼 수 있다.

길 따라 사람 사는 마을 집은 시간이 멈춘 듯 반가운 풍경들이다. 흙벽 담배 막과 밭을 지키는 원두막, 잔디 깔린 작은 폐교, 물밑에서 올라와 다시 짜 맞춤한 서민형 전통한옥들…….

걷는 길은 비록 딱딱하고 건조한 아스팔트길이지만, 눈과 귀가 호강하니 결코 지루하지 않을 것이다.

소전리 벌랏마을

벌랏마을은 이름이 재미있다. 벌은 벌판, 앗은 밭전자의 방언으로 주위가 모두 밭이고 논이 없다는 뜻이다.

소전리 입구 고성말랑고개에서 두 번 놀라는 것이 있으니, 발아래를 바라보면 너무 높은 곳에 있음에 놀라고, 이 높은 고개중턱까지 일궈 놓은 광활한 화전에 또 한 번 놀란다. 과연 논 하나 없이 밭만 있다는 벌랏이로다.

마을입구를 알리는 커다란 벌랏마을 안내판과 솟대, 돌탑이 길 양쪽에서 맞이한다. 탑신은 옛날 마한이 자리한 금강유역에 주로 분포된 남방민속의 하나인데, 벌랏마을은 오지 속의 오지이기 때문인지 탑제와 솟대가 그대로 남아 있다.

돌탑을 두르고 있는 낡고 성근 금줄에는 비바람에 헤진 소지와 빛바랜 천 원짜리 지폐가 적적함을 준다.

마을로 내려가는 내내 내려다본 풍경은 과연 아담한 마을이다.

임진왜란 때 피난 와 정착한 마을이고 그때부터 일군 화전이라고 했다. 마을을 둘러싼 높은 산 중턱까지 치고 올라간 화전은 일손이 없어선지, 오랫동안 휴경한 흔적을 보여 준다.

벌랏마을에는 아직도 일하는 소가 있어서 아마도 그나마의 화전은 모두 그 녀석 작품일 것이다. 일하는 소와 그 녀석을 부리는 어르신은 벌랏마을을 찾는 사진작가들에게 좋은 소재이긴 하지만, 워낙 잦은 접촉에 이제는 카메라 들이대는 것을 좋아하지 않으신다.

나룻배로나마 마을을 드나들어야 했던 옛 시절엔 높은 산중턱까지 닥나무가 뒤덮여 있었고, 한겨울이면 남녀노소 할 것 없이 종이 만드는 일이 이 마을의 가장 큰 일이었다. 한지 만드는 작업은 늘 한겨울에 이루어졌다. 닥나무를 삶아 꺼내 얼기 전에 닥나무 껍질을 벗겨야 했다. 동네사람 열 명 이상이 붙어 24시간 밤낮없이 삶고 껍질을 벗기고 절구질에 또 삶고 말리고를 반복했다. 연신 아궁이 불 때서 구들장에 젖은 한지 말릴 때면, 쩔쩔 끓는 아랫목에 옷에 붙어사는 빈대와 이도 툭툭 털어 냈다. 한지생산이 한창일 때는 연신 나루터에서 한지를 배에 실었고, 동네 개도 지폐를 물고 다닐 만큼 호세 월이었다.

한지와 함께했던 삶이 사라졌지만, 60~70세 어르신들이 이를 다시 재현하고 있다. 한지도 만들고, 닥나무 심으로 만든 부채도 공예품으로 내고, 마을인근에서 채취한 말린 산나물과 농산물들을 도시인들에게 판매하고 있다.

마을구경하면서 한옥집 위에 일본식 이층을 얹은 집과 솟을대문집, 흙집들, 담배말리는 담배막, 오래전 예술인들이 들어와 마을을 가꾼 흔적의 문패들, 마을 안 연자방아, 마을공동우물, 개울물 받아 가둔 수영장과 미나리 가득한 마을 안 도랑 등 벌랏마을은 사람 끌어당기는 많은 자원이 있다.

노인들 사는 시골집 마당에는 흔히 쪽쪽이 나누어 고추나 상추나 쪽파를 심어 놓았을 법하지만, 어떤 집은 봉숭아, 맨드라미, 채송화 등등 보기에도 살가운 우리의 꽃밭을 만들어 놓았다. 벌랏마을은 집집마다 약간의 보조금으로 지나는 객이 머물고 갈 수 있는 방 한 칸씩을 마련하는데, 마을 할머니가 내주는 작은 황토방은 두어 사람 궁둥이 간신히 붙일 만큼 아주 작지만, 그 인심만큼은 어떤 호텔방보다 더 나을 것이다.

나루터 물가로 내려가는 길목에 무당개구리들이 점령한 수영장이 있고, 그 옆에 우직한 소머리 형상의 기둥을 한 정자가 있다. 마을 도랑은 마을주민들이 함께한 도랑살리기사업이 지속적으로 잘 이루어지고 있는 듯 미나리 밭이 정성스럽다.

가장자리엔 큰 키의 느티나무 노거수들이 줄을 이어 그늘을 만들며 마을도랑을 덮고 있다. 노거수 아래 도랑을 사이에 두고 할머니·할아버지 탑이 마주 보고 있다. 닳아 너울거리는 소지에서 마을의 단합된 소망과 작고도 소중한 인심이 함께 걸려 있는 듯하다.

산 깊숙한 벌랏마을에 사람들 자꾸 찾아와 귀찮을 법도 한데, 마을 사람들은 조용하던 이 마을에 사람들 찾아와 주니 고맙기만 하단다. 마을 중앙 우물가에 발 첨벙이며 외지 아이들이 점령해도, 연못가 편안한 정자를 마실꾼들 웃음이 다 차지해도, 일흔이 넘은 마을 어르신들은 허허롭게 웃으며 호랑이 옛이야기를 해 주신다.

문의중학교까지 고개를 세 개나 넘어 학교 다녀야 했던 고난스러웠던 중학시절, 눈 오고 비가 오거나 학교 가기 싫은 날엔 학교에 간다 하고 나와서 산 고개에서 놀다 귀가했었다. 마을에 제사가 있는 집의 북어포 심부름을 맡은 사람은 그런 딴짓도 못하고 문의읍내 시장을 들러야 하니 별수 없이 학교를 가야 했었다. 자칫 노느라 정신을 팔았다가는, 깊은 산중에서 눈에 불을 켠 호랑이를 만날까 봐 섬뜩했었다.

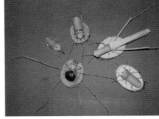

고성말랑 고개에도 새로운 돌탑을 있기는 했지만, 나루터 쪽에 당산나무들로 이루어진 비보림과 할머니·할아버지탑이 보여 주는 연륜으로 봐서 과거 마을출입구는 나루였음을 알 수 있다.

마을을 벗어나 강가 오솔길을 따라 나루터까지 왔다. 사람 없는 나루터 의자에 앉아 나룻배 기다리는 사람처

럼 세월의 흔적을 찾아보자.

장에 다녀오는 순한 소와 할아비. 교복 입은 학생. 친정 갔다 오는 애기 업은 아지매. 읍내 다방 출근하는 광나는 신사…….

호반길을 따라 후곡리로

소전2구 구룡분교 폐교에서 소전리와 후곡리가 갈라진다. 소전교를 건너 대청호를 조망하며 가는 7km 길은 후곡리를 지나 가호리까지 외길이다.

호수 건너 맞은편은 대전광역시 대덕구 삼정동, 황호동의 성치산성, 직동과 마주하고 있다. 어쩌면 가호리가는 길은 소전리가는 길보다 더 오롯하고 운치 있는 호반길일 듯싶다.

호반길 숲고개에는 물밑 고향을 그리는 사향 탑이 적막감을 달래준다. 후곡리에는 지금은 수몰된 가여울마을이 있었는데, 가여울은 충남 대덕군 시절에 청원군과 마주하고 있던 내탑의 이름이었다. 내탑은 강수욕하기 좋은 대전시민의 피서지로 저자도 초등학교 여름방학 때 수영하러 갔던 기억이 있다.

3.5km 걸어 후곡리 뒷골 버스정거장에 왔다.

마을이 수몰되고서 도선이 띄워졌지만, 바람 불고 춥거나 날이 궂으면 말할 수 없이 불편했다. 그러다 충주호에 유람선이 전복되는 계기로 이곳 도선마저 폐지되고 버스가 들어와 이용하게 되었다. 그러나 버스마저 겨울이면 못 들어오기 일쑤, 한 번은 응급환자가 발생했을 때 눈이 쌓여 119가 못 들어오자 헬리콥터가 온 적도 있었다.

마을은 폐가가 더 많고 할머니들은 집을 비우고 마을 노인정에 모여 계신다. 시집와서 쭉 이곳에 사시니 형제와도 같은 이웃사촌들이다. 더러는 친척으로 형님 아우 사이이고, 더러는 육촌지간이지만 모두 이웃이자 동무들이다.

수몰이 되기 전에는 보리농사로 부유했던 동네였다. 밀과 보리는 후곡리의 자랑이었을 만큼 풍요로웠으나 박정희 대통령 때 보리에서 밀로 혼합곡식을 장려하면서 보리농사는 퇴보하여 다시 회생 불가능한 지금이 되어 버렸다.

후곡리는 아직도 용신제가 남아 있다. 용은 바다와 하늘을 왕래하는 전설 속의 동물로 용을 수신으로 이해하여 물을 다스린다 여겼다. 심지어는 용이 강, 호수, 우물에까지 산다 하여, 강이 된 호숫가 후곡리 나루에서 용신제를 지내고 있다.

숯골 나루에 배 한 척 떠 있으니 동네에서 유일하게 대청호 어업권을 가진 젊은 이장님의 배다. 대청호는 낚시가 금지되어 있어 어업권을 가진 주민들만 물고기를 잡을 수 있다. 그러나 대청호에 만연한 블루길과 베스는 이들에게 골치가 아닐 수 없다.

금강환경청과 수자원공사에서도 외래종 퇴치를 위해 노력하고 있는데, 문의면에서도 치어산란장을 만들거나 1kg당 3~4천 원씩 수매하고 있다.

블루길과 베스

베스는 식량자원으로 들어온 농어 과의 맛이 좋은 물고기로, 힘이 좋아 낚시꾼들이 선호하는 물고기이다. 크기는 3~4kg나 되어 엄청나게 먹어대는데, 자기 몸 1kg을 불리기 위해 먹이 7~10kg을 먹으니, 작은 고기 두 양동이를 먹는 셈이다.

블루길은 가짜미끼를 사용하므로, 떡밥낚시를 하는 잉어처럼 수질오염을 시키지는 않는다. 그러나 입이 커서 자기 몸보다 더 큰 놈도 머리부터 먹어 치울 만큼, 토종물고기의 씨를 말린다. 잉어나 붕어, 피라미처럼 알을 많이 낳아 방치하는 것과는 달리 알을 적게 낳아 보호한다.

이들의 제거를 위한 방법으로 베스의 경우 인공산란장에 산란을 유도하여 산란장을 없애거나, kg당 3~4천 원씩 수매, 낚시경연대회, 요리법 개발을 통해 인식을 달리하는 방법 등 다양한 퇴치노력을 하고 있다.

수몰된 가호리

후곡리에서 2km 더 호반 길을 따라 가면 시내버스가 유턴하는 지역인 대각사 앞이다. 여기서부터 가호리까지는 비포장 길로 자동차는 진입을 차단한다.

길은 차단 펜스를 열고 들어온 자동차의 바퀴자국 두 줄만 빼고는 온통 풀밭이다. 호수 건너편은 대전시 동구 직동 냉천길이 손에 잡힐 듯 가깝게 보인다.

명절 때 성묘나 하러 오는 사람들이 전부일 뿐, 인 적 없는 숲길은 온갖 야생동물들의 낙원이 되어 곳곳에 똥과 발자국, 섭식흔적을 남겨 놓았다.

가호리의 가는 가장자리에서 유래되어 금강이 마을 앞을 유자로 휘돌아 흐르며 여울을 만들었다 해서 가여울—가탄—가호로 바뀌었다. 문의지역 대표적 수몰지역인 가호리는 마을이 집단으로 수몰되어 살았던 흔적만이

물가에 남아 있을 뿐이다.

가호리 끄트머리 곡계고개에 수령 410년의 상수리나무 보호수가 서 있다. 높이 16m, 둘레 2.3m의 건강하고 잘생긴 상수리나무다. 수몰되기 전에는 가호리 마을과 곡계마을을 잇는 유일한 통로였던 곡계고개에 동구 밖 정자나무였을 것이다.

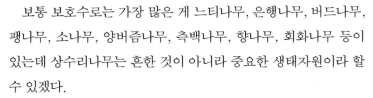

보통 보호수로는 가장 많은 게 느티나무, 은행나무, 버드나무, 팽나무, 소나무, 양버즘나무, 측백나무, 향나무, 회화나무 등이 있는데 상수리나무는 흔한 것이 아니라 중요한 생태자원이라 할 수 있겠다.

수몰되기 전 가호리의 강변마을을 아득이마을이라 했다. 마을 전면이 금강을 바라보고 백사장이 하도 넓어 끝이 아득하다는 뜻에서 유래될 만큼 모래가 풍성한 강마을이었다.

수몰 당시 문화재 발굴조사에서 발견된 아득이마을의 고인돌은 현재 문의 문화재단지에 이전되었다.

호숫가로 나가면, 갈수기에 개흙이 드러나 수몰마을의 흔적을 볼 수 있다. 당시엔 마을의 뒷동산 지대 높은 집이었을 집터에서 구들장, 우물, 담장, 장독대, 기와나 토기 파편 등을 볼 수 있다.

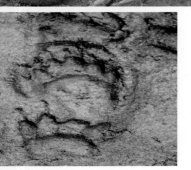

호숫가에 앉아 물속에서 30여 년간 잠자고 있던 흔적을 보면서, 수몰민들의 생활상과 소중한 고향을 생각하는 일은 대청호 하류 주민들에게는 특별한 의미의 시간이 아닐까.

대청호로 흘러드는 맑은 하천들

염티재를 넘어 509번 도로를 따라 북쪽으로 가면서 묘암천 품곡천을 만난다. 대청호 주변은 상수원보호구역이다보니 마을마다 오리농법이나 우렁이농법 등의 친환경농업과 마을하천의 관리에도 많은 관심을 기울이고 있다. 마을하천으로의 오염원들을 차단하고, 하천에 정화식물을 심는 등의 노력으로 마을하천은 다슬기가 살고 버들치가 노니는 하천의 모습을 보여 준다.

마동리에서 내려오는 묘암천은 기암괴석이 하천바닥을 뒤덮은 모습이 이채로우며, 마구리에서 내려오는 품곡천은 노현리마을을 지나면서 연꽃 등의 수생식물이 늪을 이루고, 갈대가 호숫가를 물들여 사진 찍는 사람들에게 사랑을 받고 있다.

구석기유적지 청원 두루봉동굴

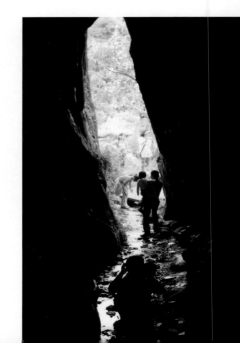

우리나라 구석기유적지로는 연천군 전곡리 상원의 검은모루동굴 제원의 점말동굴과 함께 금강주변의 공주군 석장리와 대전 용호동 유적지 그리고 청원의 두루봉동굴이 대표적인 예이다.

두루봉동굴은 가덕면 노현리에 위치해 있는데, 509번 도로에서 불과 1km 떨어져 있다. 이 일대는 석회암이 분포되어 있는 카스트르 작용에 의한 동굴이 아주 많은 곳이어서, 선사인들이 생활하기에 적당한 곳이었다.

두루봉동굴은 석회암을 채취하던 과정에서 발견되어 유적이 많이 파괴된 상태에서 충북대와 연세대 박물관팀에 의해 공동 발굴되었다. 2굴, 9굴, 15굴, 새굴, 처녀굴, 홍수굴 등과 2굴의 7층에서는 사슴, 옛소, 쌍코뿔이, 하이에나, 원숭이 등의 동물화석이 드러났으며 석기로는 긁개, 망치 등이 나왔다.

홍수아이가 나온 홍수굴에서는 5세 정도로 추정되는 어린아이의 뼈가 완전한 원형 그대로 발굴되었다.

청원의 두루봉동굴을 보기 전에 충북대학교 박물관과 청주국립박물관을 다녀오면 그 이해가 빠를 수 있으며, 원형을 찾아볼 수 없는 두루봉동굴 대신에

청남대 가는 길목의 작은 용굴을 통해 그들의 생활사를 가늠해 볼 수 있다.

현재도 두루봉동굴은 여전히 석회암 채굴이 한창인지라 지하에서는 연신 석회암을 실은 트럭이 올라오고 있어 공사현장의 접근이 쉽지는 않다. 때문에 소음과 분진 진동으로 인해 인근 마을과 끝없는 분쟁이 생기고 있는데, 지반이 내려앉고 지하수가 고갈되며 하천이 오염되는 악순환에 시달리고 있다.

귀한 세계문화유산이 한갓 황금화된 자원욕심에 눈이 어두워 날아간 지금. 앙상하게 사각 진 두루봉동굴의 잔해 속에서 가슴에 시린 바람이 들어온다.

각종 규제로 시름하던 문의

문의는 문의문화재단지에 많은 유물들에서 볼 수 있듯이 과거엔 조선시대 문의현의 중심으로 객사와 향교가 있을 만큼 큰 도읍이었다. 문의면소재지도 대청댐이 생기면서 5km나 호수가 밀고 들어와 만이 되어 버렸다. 그 오랜 세월 살던 땅을 버리고 물에 쫓기듯 올라가 자리 잡은 양성산 아래 미천리는 너무 좁아 더 이상 팽창이 쉽지가 않다.

　당시 문의면 문산리, 문덕리, 가호리 등 12개 마을의 수몰민들은 정부가 대청호 주변을 국민관광휴양지로 조성한다는 발표만 믿고 수몰의 서러움도 잊은 채 새 삶을 꾸렸다.

　그러나 1983년 문의면소재지에서 2.3km 떨어진 곳에 대통령 별장인 청남대가 들어서고 인근에 군부대까지 주둔하면서 대청댐 일부는 아예 통제구역으로 바뀌게 된다. 또한 대청호가 광역상수도보호구역으로 묶여 국민

개발사업은 취소되었고, 각종 규제로 인하여 미천리 주민들의 생활은 시름의 연속이었다.

2003년 그들의 오랜 시름을 달래듯 청남대가 개방되면서, 청남대를 찾는 전국의 관광객은 개방 이듬해 백만 명을 넘어설 만큼, 문의 일대는 가히 사람과 자동차의 홍수였다.

문의가 활로를 찾은 듯했으나 해가 갈수록 청남대 관광객은 줄어들고, 이에 새로운 모색이 필요했던 문의지역 사람들에게 청남대 대통령 길은 숨통을 틔울 수 있는 기폭제가 되고 있다.

청남대 대통령길

청남대에 내내 있던 길이었건만, 대통령 길이라 명명 지으니 사람들이 다시 많아졌다. 무엇이든 이름을 불러 주고 의미를 부여할 때 그 존재가치를 얻는 듯하니, 길도 예외는 아닌 것 같다.

수행원들과 조깅을 즐겼던 김영삼 대통령의 길은 정문에서부터 골프장을 끼고 나 있는 흙길을 따라 초가 정까지 1km이다. 낙우송이 나란히 줄지어 심어져 정갈한데, 곳곳에 역대 대통령의 캐릭터 그림을 세워 놓아 잔재미를 준다.

사색을 즐겼던 김대중 대통령의 길은 초가 정에서부터 정상의 조망대를 거쳐 역사문화관까지 2.5km로 산행이 일부 포함되어 있다. 고향인 하의도에서 가져온 농기구와 문의지역 전통생활도구들로 꾸며진 초가 정에 앉으면 마치 섬에 온 듯한 착각이 든다.

자전거를 즐겼던 노무현대통령의 길은 초가 정에서부터 골프장의 위쪽 임도를 따라 1km 숲길이다. 은행나무와 메타쉐콰이어 참나무들이 쭉쭉 뻗은 채 그늘을 주고, 통나무가 두 줄로 길을 안내하는 흙길은 내내 걸으면서 호젓하다.

전두환 대통령의 길과 노태우 대통령의 길은 양어장을 중심으로 해 양쪽으로 갈라져 반도를 한 바퀴 도는 데 각각 1.5km, 2km이다. 흙길이 아닌 일부 포장도로이며, 경사지와 쉼터에 목도를 조성하였다. 과거 군인들의 경계초소를 쉼터로 활용하고, 길을 따라 청남대를 경계하는 이중 철책이 마치 군사분계선에 온 듯한 이색체험이다.

청남대에서 나오는 길은 청주의 플라타너스 거리와 견줄 만한 아름다운 길이다. 키 큰 플라타너스가 양쪽으로 도열하여 지붕을 만드는데, 가을이면 바닥을 뒹구는 잎 큰 낙엽들이 장관이다. 이렇게 아름다운 길을 걸어서 이용한다면 좋으련만, 버스나 자동차를 통해야만 입출입이 가능한 것이 아쉬움이다.

대전

제9장

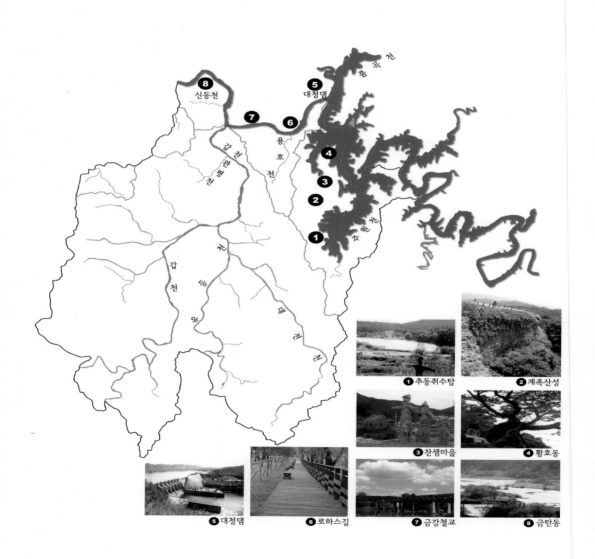

천 뚜 곡

⑧ 신동천

⑤ 대청댐

⑦

⑥ 용호천

④

③

⑦ 갑천 관평천

② 유원천

①

갑천

유 등천

미 꼬 친

River

① 추동취수탑

② 계족산성

③ 찬샘마을

④ 황호동

⑤ 대청댐

⑥ 로하스길

⑦ 금강철교

⑧ 금탄동

대청호둘레길

대청호반을 끼고 있는 대전 관내 대청호의 길이는 약 30여 km. 회남교를 건너 어부동, 내탑동과 세천동, 주산동, 추동, 마산동, 직동, 삼정동, 미호동으로 이어지는 대청호반길은 호수 속 아기자기한 섬이 마치 남해의 다도해를 보는 듯하다.

대전과 충북을 아우르는 대청호둘레길이 트레킹과 자전거 애호가들에게 사랑을 받는 것은 구룡산 현암사 길과 샘봉산 염치재를 제외하고는 비교적 평탄한 길인 데다 조망이 뛰어나고 주변에 역사문화자원이 풍부하여 볼거리가 많기 때문이다.

특히 봄철 대청호반을 따라 핀 벚나무는 아직 젊은 만큼 꽃길이 좋고, 여름이면 벚나무 녹음터널이 더위를 식혀 주며, 가을이면 코스모스가 줄 지어 인사하니 차량통행까지 많지 않아 더욱 호젓하다.

푸른 강물을 따라 산과 한가로운 농가의 풍경이 한 폭의 그림과 같으니, 걷거나 자전거타기 좋게 말끔히 단장한 호반도로다.

추동길

현재 대전시의 광역상수원을 끌어들이는 취수탑이 있는 추동은 마을에 가래나무가 많아 가래울이라 불렸다. 추동은 물에 잠긴 옛 동면지역의 중심에 자리한 마을이었고, 1918년에 개교한 동명초등학교는 수몰되면서 이곳으로 이전해 왔다.

학교 옆에는 대청호자연생태관이 체험학습장소와 휴식공간으로 운영되며, 대전시는 추동일대를 추동습지보호구역으로 지정 관리하고 있다.

대전시 동구는 관내 호숫가를 따라 데크와 산책로를 조성하여 걷거나 자전거를 타는 데 있어서 자동차도로와 구별을 주었다. 산책로는 물억새와 갈대 숲길을 지나 호수 물 가까이 접근할 수 있는 다양한 탐방코스들을 조성했고, 대청호 다도해가 주는 독특하고 아름다운 풍광에 영화촬영장소로도 이용되고 있다.

마산동길

도로와 구별되어 있는 호반과 가까운 산책로를 따라 마산동에 이르러 두 갈래 길이 있는데, 내륙도로가 아닌 우측의 마산동방향으로 꺾는다. 시내에서 먼 거리임에도 늘 사람들이 끓는 외국풍 레스토랑 앞에도 갈대밭의 풍광을 배경으로 사진 찍는 사람들이 모여든다.

마산동은 말처럼 생긴 산 아래 마을이라 해서 말뫼라도 했다. 말뫼에서 쌍골 고개를 오르기 전에 잠시 우측의 은골로 향한다.

호숫가에는 고려와 조선시대에 서울과 영호남을 통하는 삼남의 요충지에서 나그네들에게 적선을 베풀었던 개인역원인 미륵원이 있다. 미륵원은 회덕황씨 부자가 매년 겨울이면 숙박소를 열어 여행자를 도왔고, 남루를 세우고 우물을 파 편의를 제공할뿐더러 음식을 무료로 주는 등 은혜를 베풀었다.

미륵원 남루는 대전에서 가장 먼저 세워진 정자이기도 하다. 황씨 부자의 덕행은 목은 이색의 '미륵원남루기'와 우암 송시열 선생이 쓰신 누의 편액에 잘 나타나 있다.

은골 막다른 길에는 쌍청당 송유 선생을 키워 낸 고흥류씨부인 재실인 관동묘려가 있다. 류씨부인은 젊은 나이에 남편을 잃고 친정인 개성에서 시댁인 회덕까지 4살 아들을 업고 홀로 걸어와, 시부모를 극진히 모시고, 아들을 훌륭히 키워 낸 열부였다. 후에 아들 송유는 송준길 송시열과 같은 유학자를 잇게 하였다.

직동길

은골서 나와 양고개를 넘어 반듯하게 난 냉천길을 내려간다. 고갯길 내려오면서 보는 푸른 호수와 호수에 발 담구고 있는 버드나무들이 아름다운 습지이다.

인적이 드문 곳인지라 좁은 산밭은 야생동물들의 피해가 크다. 가끔 야생동물을 쫓는 자들과 사냥개를 볼 수 있고, 야생동물의 로드 킬도 잦다.

직동은 마을 뒤 노고산성에서 백제와 신라군이 치열한 전투를 하여 피로내를 이루었다 해서 피골이라 불렸다.

이전에는 직동에 아득이 나루가 있었는데, 호수 건너 청원군 문의면 가호리의 아득이마을로 건너가던 나루터여서 붙은 이름이었다. 수몰마을인 냉천마을과 양구례마을의 흔적을 지나 3km 후에 8각 정자인 찬샘정을 만난다.

찬샘정에 올라 바라보는 대청호는 수몰민들에게는 고향을 그리는 향수를, 관광객에게는 내륙 속 다도해의 즐거움을 제공한다.

핏골 찬샘마을

길은 내륙으로 이어져 핏골마을이라고도 불리는 찬샘마을로 향한다. 대전시 동구에 소재한 녹색체험마을로, 대청호가 주는 우수한 자연생태, 친환경농업과 다양한 체험거리, 그리고 마을뒷산 정상(해발 250m)에 있는 노고산성(대전시 기념물 제19호) 등 역사자원을 갖고 있다.

노고산성에 올라 보면 대청호의 경관이 일품인데, 삼국시대부터 금강 수로와 문의－옥천 간 도로를 감시하는 역할을 했다 한다. 그 외에도 계족산성과 질현성, 마산동산성 등 대청댐 건너편에 보이는 백골산성까지 한눈에 들어온다.

대전은 산성의 도시

대전은 삼국시대 백제 변방의 요충지로서 신라와의 국경을 접하는 국경선
상에 위치하다 보니, 40여 개의 산성을 갖고 있다. 가히 전국에서 으뜸인
산성의 도시라 할 수 있다.

산성은 갑천수계와 계족산—식장산계의 2군으로 크게 나누어 방어선을
구축하고 있었는데, 대청호 주변에 많은 산성을 볼 수 있는 것은 계족산—
식장산 산령이 금강을 따라 남북으로 이어져 있기 때문이다. 동구 주산동
의 고봉산성을 시작으로 질현성, 견두산성, 마산동산성, 이현동산성, 계족
산성, 직동 노고산성, 성치산성, 금고동산성, 소문산성으로 이어지는 산성
의 행렬은 가히 산성의 도시 대전임을 입증하고도 남는다.

황호동의 나무할아버지

찬샘마을에서 북쪽으로 3km 외길을 따라가면 대청호로 인해 마을전부가 수몰되어 사람 한 명 살지 않는 옛 지명인 부수골을 만난다. 길을 따라가면 성치산성과 부수골 300년 노거수, 그리고 호숫가에서 청남대의 파란기와 지붕을 멀찌감치 눈에 넣는다.

길은 최근 대청호둘레길 조성으로 자전거가 편히 들 수 있도록 흙길 도로와 안내판을 정비했다. 길을 따라 왼편으로는 이현동 마을을 지나 찬샘마을까지 깊숙하게 들어온 호수와 호숫가 습지의 아름다운 풍경이 펼쳐지고, 이어 이곳이 호반인가 싶을 만큼 숲 속 길의 행진이다.

부수골은 청남대가 개방되기 전까지는 청남대를 호위하는 군부대가 주

둔하고 있었다. 따라서 일반인은 출입이 안 되는 외진 곳이었으므로 20여 년 동안 잠자고 있던 숲의 생태를 느낄 수 있다.

숲 속 하늘을 자유로이 날아다니며 노래하는 각양의 새들과 궁둥이만 하얗게 보여 주며 연신 내달음치는 고라니들을 아주 많이 볼 수 있는 곳, 봄이면 나물 캐는 도시 아낙들이 삼삼오오 들어와 숲 속은 웃음소리 요란하다. 호젓하고 자유로운 생명들의 속삭임을 벗 삼아 걷는 길은 호반에서 즐기는 숲길의 묘미이다.

부수골 과거 부대막사가 있던 주변에는 조림한 메타세쿼이아가 호수와 운동장을 담을 치듯한 줄로 서 있다. 5월의 신록 아래 대지는 민들레 홀씨들의 천국이고, 누군가 갖다 놓은 벌통 주변은 꿀벌들이 일하느라 바쁘다.

황호동 끝자락에는 300년 된 느티나무 노거수가 비스듬히 서 있다. 몸체 한편은 비록 썩어 인공수피를 입었지만, 수형이 내뿜는 기세가 외경감을 일으킨다. 원래 이 나무는 대청호가 담수되기 전까지 마을의 정자나무로 귀히 대접받던 나무였다. 이후 마을이 물에 잠기고 주민들이 떠나면서 외롭게 혼자 남아 물속 마을을 지켜보고 있었는데, 청남대가 들어오면서 청남대를 호위하던 특공부대의 훈련용 타이어와 밧줄에 휘감겨 시름시름 병들어 가고 있었다. 이후 나무에 입혔던 무거운 짐들을 걷어 내고 정성을 들여 제를 지내고 보살피니, 푸른 잎이 돋아나고 수형이 커지면서 다시 옛적 나무의 그 건강함으로 돌아오게 되었다.

지금도 물속 고향을 그리는 마을주민들은 주말이면 부수골을 찾아 나무에 막걸리 한 사발을 붓고, 메타세쿼이아 운동장에서 가족의 단란한 한때를 보내며 향수를 달래는 모습을 종종 본다.

이현동에서 미호동까지

찬샘마을에서 효평동을 벗어나면 대전시 대덕구 이현동에 접어든다. 여기부터 미호동까지는 동구와 같은 산책로가 별도로 없이 자동차도로를 지난다.

호반을 따라 굽이굽이 도는 대청호수로는 쏜살같이 달리는 자동차로 인해 주의를 요한다. 줄 지어 하이킹하는 사람들에게 자동차가 길을 비켜 주거나 속도를 줄여 주는 배려가 필요하다.

대청댐

대청댐은 대전시 대덕구 미호동과 충북 청원군 문의면 덕유리 사이의 협곡
에 지어진 다목적댐이다.

대전과 충남북 일대에 생활용수와 공업용수를 공급하고자 1975년 3월부
터 6년여의 공사기간을 거쳐 1981년 6월 완공되었다. 콘크리트 사력댐으
로 높이는 72m, 길이 495m, 저수용량 14억 9천만㎥의 본 댐과 조정지 댐으
로 이루어져 있다.

청주지구 금강하류 및 만경강지구에 농업용수를 공급함과 동시에 9만kW
의 전력을 생산하고, 댐 하류지역의 홍수피해를 줄이는 역할을 하고 있다.

대청댐의 건설로 인해 해발 80m 이하는 모두 수몰이 되었는데, 충청남북
도의 4군 2읍 11개 면 86개 리의 광대한 지역에 이주민은 4,075세대, 26,178인
에 이른다. 수몰된 마을로는 보은군 회남면이 18개로 가장 많고, 다음이 대전
시 동구가 14개, 청원군 문의면과 옥천군 군북면이 각각 12개 순이다.

수몰로 인한 토지보상과 더불어 집단이주를 희망하는 주민에게는 남양
간척지 및 충청남북도에 집단취락지를 조성하여 계획 이주시켰다.

대청댐은 가두어진 물그릇에 있음으로 해 지속적인 녹조발생과 수질오

염에 대한 문제를 안고 있다. 또한 금강 하구기점 137km에 지어진 대청댐으로 인해 지역이 대청댐 상류지역과 하류지역으로 구분되면서 상수원 주변 주민들에 대한 문제도 안고 있다.

댐 하류부 주민들은 깨끗한 광역상수원의 수혜자가 되어 안정적인 물 공급이 이루어지게 된 반면, 댐 상류부 주민들은 수몰로 인한 실향의 아픔과 상수원보호구역으로서 규제라는 불편을 떠안게 되었다.

당장 먹는 물의 경우, 댐 상류부 마을의 상수원은 정작 대청호 물이 아니라 산간계곡수나 지하관정을 파 지하수를 이용하고 있는 실정이라 지방상수도의 보급을 확대하는 일이 시급하다. 더불어 대청호 수질보호를 위한 친환경농업의 지원, 개발억제로 인한 주민불편을 최소화하기 위한 기초시설 증진, 주민 생활의 질 향상 등이 상류지역 주민들에게는 요원한 일이다.

'2002년 금강 수계 물 관리 및 주민지원 등에 관한 법률'에 의거하여 상류지역주민들이 겪는 피해를 보상하고 맑은 물을 지키자는 취지에서 하류지역 주민들은 수돗물 톤당 160원씩의 물이용 부담금을 지불하고 있다.

생명의 젖줄인 상수원의 기능을 건강하게 유지하고, 수몰민 및 피해주민에 대한 두 가지 숙제를 원만히 풀기 위해서는 행정구역을 넘어선 유역공동체로서 접근해 해결해 가는 노력이 필요할 것이다.

금강 로하스길

대청댐 공원에서 시작한 금강데크는 신탄진 용호초등학교까지 이어져 있다. 대청댐을 종착지로 하기위해서는 금강로하스길을 이용해야 하는데, 대전의 경우 갑천을 따라오거나, 금강 하류 서천에서부터 강경을 거쳐 부여와 공주 연기를 통해 대청댐까지 종주하는 자전거도로의 마지막인 셈이다.

로하스길을 걸으며 한동안 대청호라는 물그릇에 갇혔던 금강물이 비로소 제 물길을 만나 유유히 흘러가는 모습을 본다.

강 건너 구룡산에는 현암사가 절벽에 매달려 있다. 목도변 물가에 발 담그고 있는 버드나무들이 마치 우포늪에서의 그것과 같은 느낌이다.

로하스길에는 회덕의 큰 선비 제월당 송규렴을 모시던 미호서원 터와 송규렴이 학문연마와 후학을 양성하던 취백정(대전문화재자료 제9호)이 있

다. 또한 금강이 용호천과 만나는 보조댐 부근에는 금강권 선사인의 역사를 10만 년 전으로 끌어올린 용호동구석기유적지가 있다.

이 지역사람들은 용호, 미호, 황호를 금강의 삼호라 이름 지었다. 이렇게 호가 붙은 지역은 조상의 선견지명을 보듯, 대청댐이 완공되면서 모두 호수로 변하였으니, 보조 댐이 생긴 용호, 대청댐이 생긴 미호, 수몰된 황호가 그것이다.

신탄진동 부근의 금강구간은 조선시대에 형각진 혹은 형강이라는 이름으로 불렸다.

새여울에서 금강철교까지

강 건너 청원쪽인 우안에도 아름다운 강길이 있다. 보조댐 우안의 청원군 현도면 노산리 노산솔밭에서부터 금강철교까지 산 사면에 난 1km의 오솔길이다. 산길 따라 참나무숲 속 그늘을 지나며 금강의 조망이 내내 이어진다.

일찍이 금강을 걸으셨던 신정일 선생님은 금강천리길 가운데 노산솔밭에서 금강철교까지 구간을 특별히 아름다운 구간이라 칭했었다. 그러나 당시 그 길에서 바라보았을 금강변 갈대와 너른 자갈밭은 4대강사업으로 많은 변형을 가져왔다. 시대가 변천하면서 아름다운 것들도 점차 사라지고 있는 것이다.

보조댐을 지나온 금강이 노산솔밭 앞에서 어슷한 여울을 만들며 강폭이 넓어지니 여울에서 삼삼오오 다슬기 줍는 사람, 강을 향해 제를 지내는 사람들을 볼 수 있다.

대전-청주 간 17번국도, 경부선철도, 고속철도, 경부고속도로 등의 교량들이 금강을 지나며 어수선함을 준다.

경부선 철도교 좌안의 첫 번째 기둥은 일제강점기에 지어진 튼실한 벽돌 구조를 여실히 보여 주고 있다. 대청댐이 생기기 전에는 이곳이 모래가 많고 얕아 대전 사람들이 몰려와 강수욕을 즐긴 유명한 신탄진수영장이었다.

전 풍한방직 자리에는 초고층 아파트가 세워지면서 고속도로 이용자들에게 대전의 관문을 알게 하는 랜드 마크 역할을 하고 있다.

갑천합류점 맹꽁이공원

문평동의 새일나루터는 신탄진(新灘振)이라는 지명의 기원지로 알려져 있다. 새일이란 새롭게 형성된 여울목인 새여울에서 나온 것으로 신탄진 일대에 새일초등학교, 새일고등학교라는 이름이 그 사실을 입증하고 있다.

이제 목상동에 이르러 대전 3, 4공단 앞에서 갑천과 금강이 만난다. 금강의 배후습지였던 넓은 들판인 새일 뜰은 토질이 비옥하여 전국에서 으뜸가는 단무지 무밭이었다.

풍성한 수확을 위한 마을공동작업은 민요와 두레놀이, 춤을 낳았고, 민속예술경연 대통령상을 거머쥔 무형문화재가 되었다.

1993년에 새일 뜰은 55만 평의 공단으로 조성되었고, 목상동 들말 두레놀이는 현재 마을주민들에 의해 전수되고 있다.

최근 합류점 둔치의 비닐하우스 시설농가를 철거하고 인공습지를 조성하던 중, 맹꽁이(멸종위기 보호 2급)서식처임이 확인되면서 대전시와 금강환경청은 광활한 합류점 둔치를 맹꽁이자연습지로 돌려주는 획기적인 결정을 내렸다.

4대강사업지구 안에서 계획을 철회하고 자연과 인간이 상생하는 모범적인 선례를 만들어 금강이 품은 생태자원의 보호에 한 발 앞장선 것이다.

대전의 대표하천 갑천은 대둔산 장군약수터에서 발원하여 논산의 벌곡면을 거쳐 대전 중심을 관통해 총 73.7km를 내려온다. 맹꽁이공원 데크에

서 보면, 합류점을 가르는 금강물과 갑천물이 서로 다른 물빛을 하고 있는 것이 확인된다. 갑천은 합류점 기점 10km에 원촌동하수종말처리장이 위치해 있고, 합류점 기점 500m에 신탄진공단 하수종말처리장이 있어 차이를 보이는 것이다.

실제 환경부 수질측정 보고에 의하면 갑천합류 전의 구간은 BOD 2mg/l 이하로 양호한 데 비해, 갑천합류 후의 구간은 BOD 3mg/l 이상으로 다소 오염된 상태를 보인다.

갑천 합류점 좌안의 불무산은 유성구 금고동과 봉산동 경계에 있는 산으로 부처가 춤을 추는 형상이라 해서 붙여진 이름이다. 옛날에 난리가 났을 때, 이 산에 피난한 사람은 하나도 상하지 않았다고 하는데, 실제 그 불무산 골짜기에는 대전시금고동쓰레기매립장이 들어서 높이 30m, 12층 높이로 쓰레기를 차곡차곡 쌓아 2011년 12월 현재 75%의 공정으로 매립되고 있다.

맹꽁이 공원에서 걷기를 마무리하며 바라다 본 금강은 대전의 북쪽 끝마을인 금탄동을 향해서 곧게 내달음치고 있다.

우안은 청원군 현도면 중척리 제방이 높게 싸고 있지만, 대청댐 이전에는 여기도 역시 명사십리가 부럽지 않은 모래벌판이었다고 주민들은 회상한다.

좌우 안으로 사람의 접근이 차단되거나 드문 곳이라 자연생태가 건강하게 살아 있다. 버드나무와 갈대가 풍부하고 하중도와 잦은 여울이 발달한 곳, 저곳을 지나며 탁한 갑천을 받아들인 금강의 버거움이 조금은 위로가 되었으면 한다.

금탄동 쇠여울

대전의 북쪽 끝마을인 금탄동에서 금강이 목상동의 북으로 흐르다 마을에서 불리는 집뒤산을 돌아 서쪽으로 흘러간다.

　마을 앞 금강의 여울이 잘 발달하여 쇠여울이라 했고, 충북 청원군 부용면 부강으로 통하는 나루터인 쇠여울나루터가 있어서 금탄진이라고도 부른다.

　쇠여울나루터에서 강을 따라 내려가면 대전 최북단을 알리는 극북 점을 볼 수 있고, 강 건너 매포 한라시멘트 굴뚝에서 연기가 피어오른다.

　대전에서도 최북단의 외진 곳이라 야생동물의 흔적과 물살에 어루만져진 자갈돌들, 숨어 행하는 밀렵, 외진 곳까지 와 몰래 버리고 간 몰지각한 양심의 쓰레기들이 어지럽게 널려 있다.

　강 건너는 매포에서 부용나루까지 금호리를 싸고 달리는 비포장도로이다. 항상 자동차 통행량이 많지 않은데, 부강 금호로가 생기면서 청원관내 금강은 전 구간 강길 도로를 잇게 되었다.

　금탄동 마을 강가의 잔디농장에 금강표지판이 있다. 여름에는 초록의 금잔디 위에서 색과 모양이 예쁜 후투티들이 떼로 몰려 앉아 먹이활동에 바쁘고, 들판의 키 큰 나무들 사이를 왔다 갔다 하는 암수 꾀꼬리가 정겹다.

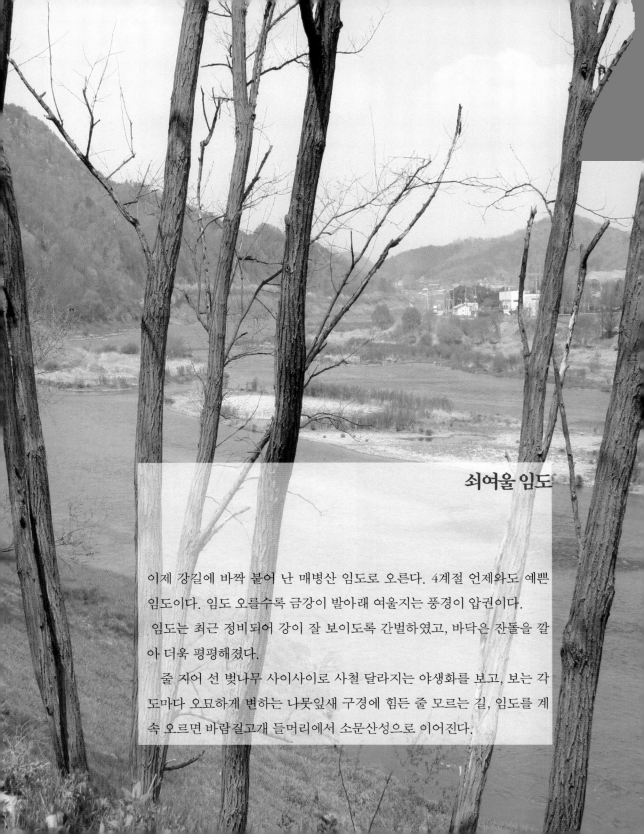

쇠여울 임도

이제 강길에 바짝 붙어 난 매병산 임도로 오른다. 4계절 언제와도 예쁜 임도이다. 임도 오를수록 금강이 발아래 여울지는 풍경이 압권이다.

 임도는 최근 정비되어 강이 잘 보이도록 간벌하였고, 바닥은 잔돌을 깔아 더욱 평평해졌다.

 줄 지어 선 벚나무 사이사이로 사철 달라지는 야생화를 보고, 보는 각도마다 오묘하게 변하는 나뭇잎새 구경에 힘든 줄 모르는 길, 임도를 계속 오르면 바람길고개 들머리에서 소문산성으로 이어진다.

최근 대전둘레산길잇기 사업이 대전시의 탄탄한 지원 속에 안내판과 길이 안정화단계에 들었다.

대전을 둘러싼 산길과 물길을 12구간으로 나누어 걷는 이들이 점차 많아지고 있는데, 이 임도 역시 그 구간 중 하나이다.

금강트레킹이 생태문화자원과 환경감수성 함양에 주안점을 두고 해설을 하며 동선을 고려했다면, 대전둘레산길잇기는 산성과 문화재 등 역사적 자원을 포함하며, 이에 대해 전문안내인이 해설을 병행하는 동선설정이 특이할 만하다.

임도 중간에 폐양수장길로 내려가 갈수기에는 강과 가까이 근접해 걸어보자. 내가 야생동물이 된 양, 그들이 걸어간 풀숲의 작은 흔적을 찾아 길을 따라간다.

어느덧 당도하는 곳은 연기군 금남면 박산리의 양수장. 이제 이 양수장에서부터 부용가교까지 십리 길은 금남벚꽃십리길인 것이다.

연기

제10장

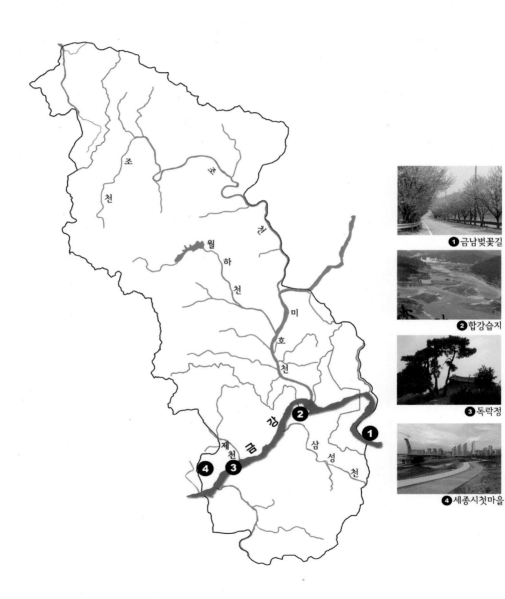

조천

미호천

월하천

제천 금강 삼성천

① 금남벚꽃길

② 합강습지

③ 독락정

④ 세종시첫마을

범선의 종착지 부강나루

부강은 행정구역상 청원이지만, 연기군 동면 합강리에 면하고, 연기군 금남면 부용리와 마주한다.

현재 부용가교가 있는 이곳은 물이 휘어 돌면서 강폭이 넓어져 여울과 너른 하중도가 잘 발달했다. 사계절 여울낚시객이 보이고, 겨울이면 원앙을 비롯한 겨울철새가 떼를 지어 노니는 경관이 뛰어난 곳이다.

부강에 있었던 부강나루는 조선시대 대표적인 포구 가운데 하나로 강경을 출발한 범선이 최종 도착하는 곳이다. 범선은 부강에 소금, 새우젓, 어물, 옹기, 잡화 등을 내려놓고, 석탄, 소, 곡식 등을 싣고 내려갔다.

배가 부강에 닿는 날이면 사람들이 인산인해를 이뤘는데, 이곳에서 충북

과 강원도지방까지도 해산물 교역을 할 정도였다. 때문에 이로 이익을 남기는 사람들이 많아 부강에는 명태로 부지깽이를 하고, 미역으로 행주를 할 만큼 부자가 많았다.

경부선철도가 놓이기 시작할 때는 특히나 배가 많이 드나들었다. 서해를 통해 강경까지 운반된 철도 부설자재인 침목에 쓰일 나무가 작은 배에 옮겨져 부강으로 실어 날랐기 때문이다.

경부철도가 안정화되기 전까지 부강나루가 강경포구와 함께 수운상권을 유지할 수 있었던 이유는, 부강역을 통해 금강의 수운이 연결되어 최단거리로 서울 부산을 연결시켰기 때문이었다.

그러나 호남철도가 개설되면서 조선시대부터 형성되어 온 금강의 내륙 수로는 쇠퇴의 길을 걸었고, 부강을 거점으로 한 경제권과 함께 부강나루도 기능을 완전 상실하게 되었다.

이제는 전망 좋은 카페에서나 금강을 내려다보며 지난 호시절을 회상하는 부강나루가 되어 버렸다.

금강 최대 지류하천 미호천

부강나루 옆 호남고속철도 공사현장에서부터 금강에 미호천이 합쳐지는 합강리까지의 강변둔치는 자전거도로와 산책로, 오토캠핑장, 주차장, 합강정 등이 조성되었다. 또한 미호천을 건널 수 있도록 미호보행교가 신설되어 월산교를 거치지 않고서도 연기군 남면으로의 이동이 용이하다.

미호천(89.2km)은 금강 최대의 지류하천으로, 충북 음성군 삼성면에서 발원하여 진천의 농다리, 증평, 청주, 청원을 거쳐 합강리에서 합류하는데, 너른 하폭에 모래가 풍부하여 이름도 아름다운 호수와 같다 하였다.

미호천에서 처음 발견되어 이름 붙여진 미호종개(멸종위기야생동·식물 Ⅰ급, 천연기념물 제454호)는 미호천의 고운 모래환경에서 살았고, 우리나라 텃새 황새인 과부황새는 미꾸라지 넘쳐나는 미호천 뜨락의 음성군 삼성면 삼호리마을이 마지막이었다.

그러나 중부고속도로를 따라 도시와 축사 등이 밀집되고, 준설 및 호안 정비 등으로 하천의 자정기능의 저하되면서 미호천의 수질은 급격히 떨어지게 된다.

모래가 사라지니 미호종개도 멸종되고, 농약 사용으로 인한 생태계 파괴로 황새는 절멸하게 되었다.

순천향대학교 미호종개 복원센터와 교원대학교 황새복원센터에 의해 이미 이들의 복원에는 성공했지만, 이들이 안정적으로 살 수 있는 서식처의 복원이 더 중요한 숙원인 상황이다.

대청호를 벗어난 깨끗한 금강이 금강최대의 지류인 갑천과 미호천을 만나면서 수질이 급감하는 현재, 금강의 수질에 영향을 주는 거대 지류하천의 수질회복을 위해 노력해야 할 것이다.

세종시가 품은 금강 내륙 철새도래지 합강습지

금강과 미호천이 합류하며 너른 모래밭과 하중도 둔치의 버드나무숲이 조성된 합강습지는 전월산, 원수산, 괴화산으로 이어지는 산림생태계와 장남평야 대평뜰의 평야생태계, 금강본류와 미호천의 하천생태계가 만나는 곳이다.

이 세 개의 생태계가 조화를 이루면서 뛰어난 생태경관과 다양한 동식물이 서식하는 광활한 금강내륙의 습지가 형성되었다.

합강습지가 갖고 있는 생태적 가치에 대해선 2007년 호남고속철도 계룡산 통과구간 환경생태공동조사에도 30과 61종 2,967개체가 서식하고 있는 것으로 밝혀졌다.

특히 겨울이면 큰고니와 대규모의 큰기러기 떼가 이곳에서 월동하는데, 이들이 이곳에 모여드는 이유는 금강에 면한 장남평야의 먹을거리와 합강리 모래톱 하중도가 주는 휴식처 때문이다.

유난히 시끄럽게 울면서 V자형의 대열로 날아와 추풍낙엽처럼 후드득 떨어져 내려앉는 큰 기러기들이 모래벌판에서 커다란 군락을 이룬다. 이들과 뒤섞인 10~20여 마리의 고니들은 뻘 흙에 머리를 깊게 박고 먹이활동을

한다.

이 평화를 깨는 붉은배새매, 흰꼬리수리 등 맹금류의 비행과 영역을 빼앗기지 않으려 덤비는 용감한 까치 떼의 싸움은 금강내륙의 합강리에서만 볼 수 있는 진풍경인 것이다.

겨울에는 우리나라에서 월동을 하고, 여름에는 시베리아와 캄차카 등으로 건너가 번식을 하는 겨울철새들은 계절을 따라 생활사를 완성하는 생물들이다.

이들은 계절이나 성장과정에 따라 지속적인 서식처가 필요하므로, 다양한 계층의 서식처가 고루 퍼져 있는 곳에 집중적으로 모여들게 되는 것이다.

그런 면에서 볼 때 합강리는 큰기러기군락이나 큰고니들에게 서식처 계층구조가 비교적 안정적으로 잘되어 있는 곳이다.

세종시도 습지의 중요성과 가치에 대한 인식을 반영하듯 이곳을 한나래공원이라는 이름의 습지공원으로 지정하였다.

그러나 준설로 인한 습지의 일부 훼손 및 축소, 둔치에 자전거도로와 제방도로의 확충, 둔치공원 등은 소리와 움직임에 민감한 철새들의 서식환경에 지장을 줄 것이 불 보듯 뻔하다.

　더욱이 먹이공급처였던 장남평야의 개발로 인해 겨울진객들의 향후 행보는 장담하기 어려운 상태이기도 하다.

　행복도시가 정녕 행복을 꿈꿀 수 있는 도시로 거듭나려면, 사람이 살맛나는 도시는 물론이려니와 오랫동안 찾아왔던 철새들에게도 살맛나는 땅이 되어야 하지 않을까. 행복도시 이곳저곳에서 고향을 등져야 하는 많은 노거수들은 그나마 인근에서 옛 바람을 맞을 수 있다 하지만, 서식처를 짓밟힌 철새들은 다시는 이곳을 찾지 않을지도 모른다.

　대한민국의 행정중심복합도시에 존재하는 생명이 숨 쉬는 하천. 그 서식지를 잘 보전하여 대표적 생태하천으로 귀감을 삼는 일은 행복을 꿈꾸는 행복시가 선도해야 할 일이 아닐까.

하천둔치 농경에서 친수공간으로

연기군을 흐르는 금강은 녹지와 친수공간 52%를 내어주며 건설되는 행복도시의 심장부를 흘러가다 보니, 최근 급격한 변화를 가져왔다. 특히 연기지역의 금강은 4대강사업의 주 내용인 준설과 제방보축, 자전거도로 건설, 금남보 등이 전국에서도 선도적으로 완결되었다.

강을 따라 난 96번 도로는 신호등 하나 없어 자동차가 속도를 낸다. 차도 옆에 잔돌로 포장한 제방도로가 도로를 따라 나 있다.

일직선으로 나 있는 건조한 길을 걸으며 100% 친수공간으로 바뀐 둔치를 바라본다.

과거 너른 모래벌판에서는 여름홍수 이전의 다수확작물을 재배하다 보니 이른 봄부터 비닐을 이용한 농사가 발달할 수밖에 없었다. 이는 폐비닐

을 양산하여 미수거시 매립으로 인한 토양오염을 일으킨다. 또한 과다한 농약과 비료로 인한 토양오염은 수질오염으로 이어진다.

따라서 관행적으로 행했던 둔치농경을 과감히 철거한 것은 오염으로부터 강을 해방시킨 사례이다.

대신 이 곳에 친수공간을 조성하여 생태공원과 자전거도로, 산책로, 가로등이 들어섰고, 연못 등 인공습지를 조성해 관찰데크와 생태학습장이 강을 따라 이어진다.

제방은 더 높였으되 완경사를 주어 꽃밭을 조성하였고, 둔치에는 하변림을 조성했지만 자연갈대나 버드나무가 아닌 은행나무, 메타세쿼이아, 벚나무 등 가로수를 심었다.

하천이 제 물길을 찾고, 하천생태계가 건강성을 회복할 수 있기까지는 아마도 많은 시간이 흘러야 할 것이다.

깨끗하게 면도하고 향이 좋은 로션을 바른 후 손님을 받는 듯한 지금의 모습과 잡풀과 수목이 덥수룩해서 여기저기 온갖 동식물들이 길손의 눈과

귀를 홀리는 과거 혹은 미래의 모습을 상상해 보자.

사람의 취향과 기호에 따라 선호하는 강의 모습이 다를 것이다. 깨끗하게 정비한 하천과 구불구불 제멋대로인 듯한 자연하천, 그 어떤 하천이고 인간과 자연에게 필요한 것이겠지만, 인간과 자연이 상생 공존할 수 있는 적정한 터전은 과연 어떤 것인가 고민하게 하는 강길이다.

독락정

연기군 조치원읍 남면 나성리 금남교 옆의 독락정은 금강의 5강8정 중 하나로, 낙락장송이 우거진 속에 금강물이 유유히 흐르는 모습을 내려다보며 앉아 있다.

고려 때 벼슬을 한 임난수의 아들 임목은 벼슬을 버리고 고향으로 돌아와 공주 금강 상류에 독락정(1439년, 세종 21)을 지었다. 과거 임목이 읊은 독락정을 보면, "강의 평평한 모래밭과 유유히 흐르는 물결이 하늘과 물이 어울려 한 빛이었다. 바람이 불면 푸른 물결이요, 달이 뜨면 은빛 파도였다. 돛과 노 물고기와 새들이 오락가락하는 모습이나 잠겼다 떴다 하는 광경이 모두 다 발밑에서 나오는 것 같았다."라고 되어 있다.

　　1929년에 만들어진 금남교(세월교)는 높이가 낮아 비가 조금만 와도 상판 위로 물이 넘쳐흘러 물넘이다리라고도 불렀다.

　　지금 금강을 가로지르는 수많은 다리는 각각의 랜드 마크로 요란하고, 오가는 차량의 소음 또한 어수선하다. 들판은 세종시의 탄생을 준비하느라 온통 황토색이고, 세종보 옆의 풍치 좋던 소나무 숲은 거대 아파트 군락 아래에서 성냥갑처럼 작아졌다.

공주

제11장

공주의 강길 | 조망 좋은 연미산
백제의 도읍 웅진 | 금강둔치공원 | 등록문화재 금강철교
공산성 한 바퀴 | 곰나루

ⓒ이준석

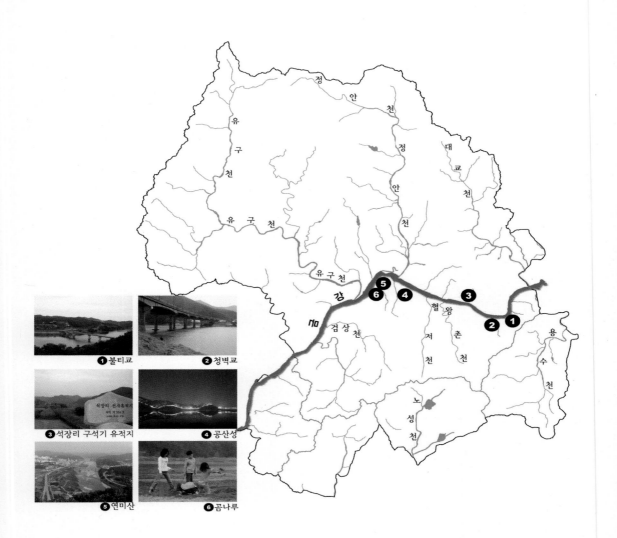

정안천

유구천

대교천

정안천

유구천

유구천

금 강

검상천

혈왕

저천 촌천

용수천

노성천

① 불티교
② 청벽교
③ 석장리 구석기 유적지
④ 공산성
⑤ 연미산
⑥ 곰나루

공주의 강길

공주를 흐르는 금강은 우안의 경우 연기군에 면한 대교천(하구기점 103km)부터 청양군에 면한 어천까지(하구기점 77km)이고, 좌안의 경우는 부여에 면한 저곡리(하구기점 67km)까지이다.

좌안의 경우는 공산성과 곰나루 구간을 제외하고는 강변도로가 잘 발달해 있는데, 특히 백제큰길은 차도와 자전거도로를 구별하여 부여의 부소산성까지 갈 수 있도록 했다.

우안은 강을 따라 도로가 이어지다가 연미산을 시작으로 청양까지 강변도로 건설이 부분적으로 이루어지고 있는 상황이다.

공주는 이렇게 강을 끼고 도로가 잘 발달했지만, 대부분이 차도이다 보니, 걷는 길이 마땅치가 않다.

쏜살같이 달리는 자동차와 급격한 호안경사, 걷기에는 건조하기만 한 자전거길 등은 걷는 데 많은 지장을 초래한다.

그 가운데에서도 자동차를 피해 걸을 수 있는 코스를 추천하면, 하나, 대전—당진고속도로 교각 아래 좌안의 한림정부터 산림박물관 입구인 불티교까지 3.4km이다. 운이 좋으면 가뭄 때 청벽 밑으로 물이 빠진 좌안을 따라 청벽교까지 걸어갈 수도 있다.

이곳은 최근 제방높임공사를 해 자연둔치 속을 걷는 호젓한 멋은 사라졌지만, 자동차전용도로가 아니기 때문에 무리가 없다. 인근의 금강자연휴양림을 산책하고, 충남산림박물관을 관람하는 것도 좋다.

둘, 청벽 어씨네부터 신공주대교까지 좌안의 5.7km 도로는 비록 차도이지만, 우안에 직선으로 내달리는 32번 도로가 개설되면서 차량통행이 급격히 줄어 비교적 한가롭다.

이 길은 대전—공주 간 옛날 도로로 향수 속의 도로라 할 수 있는데, 구불구불한 것이 아기자기하고 조망이 뛰어나다.

또한 걷기와 연결하여 청벽산에 올라 청벽대교 너머로 해지는 금강의 노을을 보는 것도 일품이다. 청벽산에서 보는 금강의 노을은 사진작가들이 선망하는 장소이다.

셋, 청벽대교에서 공주대교까지 우안의 96번 도로 아래로 자전거도로를 이용한다. 일자로 나 있는 시멘트 포장도로라서 자전거로 달리는 데는 시원할지 모르지만, 걷는 이들에겐 7km가 지루하기 짝이 없다. 중간에 금강의 대표적 구석기유적지인 석장리유적지를 둘러볼 수 있다.

넷, 공주시에서는 고마나루명승길이라 해서 공주시내 문화유적지를 고루 돌아볼 수 있는 코스를 운영하고 있다. 금강교—공산성—전통시장—제민천—무령왕릉—박물관—한옥마을—금강보—연미산—정안천생태공원—금강교로 되돌아오는 12.5km의 길이다.

조망 좋은 연미산

금강의 최적 조망장소는 뭐니 뭐니 해도 연미산만 한 곳이 없다. 연미산은 우성면 신흥리에 위치한 해발 239m의 비교적 낮은 산으로 산의 형태가 제비꼬리를 닮았다 해서 붙여진 이름이다.

32번국도가 연미산과 금강을 사이에 끼고 돌았으나 2004년 연미산 터널이 뚫리면서 연미산으로 드는 길은 추억의 고갯길이 되었다. 2005년부터 매년 금강자연미술비엔날레를 개최해 오는데, 설치작품들을 감상하며 오를 수 있는 자연미술공원인 셈이다.

    30여 분 못 미처 정상에 오르면, 동서남북의 조망이 가히 압권이다. 우선 공주 시내를 관통하는 금강이 훤히 보이는데, 마치 항공사진처럼 강줄기, 하중도, 둔치, 다리, 곰나루, 금강보 등을 선명하게 볼 수 있다.

    멀리로는 연기군 합강에서부터 계룡산, 논산, 부여, 청양 등이 아스라이 보여, 시계가 좋은 날은 숨은그림찾기하듯 시간 가는 줄 모른다.

    연미산에 있는 곰굴은 공주가 웅진이란 옛 이름을 갖게 한 전설과 관련이 있다.

    연미산 곰굴에 살고 있던 암곰이 외로운 짝을 기다리다 지나가는 잘생긴 사나이를 물고 들어온다. 사나이가 도망가지 못하도록 큰 돌로 입구를 가리고는 갖은 음식과 따스한 보살핌을 제공하다가 이윽고 사람 반 곰 반 닮은 새끼를 낳게 된다. 두 마리째 새끼까지 낳고 기르는 동안 방심한 틈을 타 사나이는 굴을 나와 강을 건너 도망을 치고, 이에 서러운 곰은 두 새끼를 안고 강에 빠져 죽는다. 이와 연루하여 공주의 옛 이름은 웅진이라 했고, 연미산 건너편의 나루가 바로 곰나루로 웅진인 것이다.

백제의 도읍 웅진

공주가 백제의 도읍이 될 수 있었던 지형적 여건은 북으로 차령산맥과 남동으로 계룡산이 위치해 있고, 금강이 공주를 가로질러 흐르고 있어 산맥과 강에 의한 천연의 요새였기 때문이다.

고구려의 공격으로 개로왕이 사망하고 황급히 왕위에 오른 문주왕이 수도를 고를 시간적 여유가 없이 군사적 지리적으로 유리한 웅진을 선택한 것은 자연스러운 일이다.

또한 금강은 외적의 방어뿐만 아니라, 서해를 통한 대중국과의 교통로 확보에도 유리하였다.

웅진성(공산성)은 금강을 자연방벽으로 하면서 구릉을 따라 축조되었다. 그리고 도성을 방어하기 위해 크고 작은 산성들을 주변에 축조하였을 것이다. 이 산성들은 웅진도성을 둘러싸고 있는 차령산맥, 계룡산, 금강으로 이루어진 자연 지세를 이용하여 지형에 따라 중요 통로에 배치되었다.

대전의 40여 개 산성 역시 그의 일환으로 축조된 방어책이라 할 수 있다.

금강둔치공원

강 건너 공산성 맞은편은 공주 강북과 강남 사람들의 대화합의 장이라 할수 있는 신관동 금강둔치공원이다.

이곳은 역사가 깃든 공산성을 마주 보고 있는데, 5만 평이라는 광활한 면적이 전부 친수공간으로 우레탄산책로와 운동장 주차장 등을 갖추고 있어 공주시민들에게 사랑받고 있다.

4대강사업으로 강모래가 많이 준설되었지만, 과거에는 금강둔치공원을 포함한 우안의 둔치 전체가 백사장이었다. 하얗고 풍성한 모래가 높은 언덕을 이루며 강가를 메우고 있었던 것이다.

공주의 주민은 고등학교 때, 영화배우 박노식, 문희, 허장강 주연의 공산성의 혈투(1968년)라는 영화에 엑스트라로 출현한 적이 있었단다. 당시 전교생이 금강의 백사장에서 창을 들고 와~ 소리를 지르며 뛰어갔던 기억이 선명하단다.

등록문화재 금강철교

금강을 가로지르는 많은 다리가 공주의 신시가지 강북으로 연결되어 있다. 많은 다리 가운데 금강철교(등록문화재 232호)가 눈에 들어온다.

1933년 준공된 금강철교는 공주에 있던 충남도청을 대전에 이전하는 대가로 얻은 다리이다. 이후 한국 전쟁 때 인민군으로부터 금강방어선을 구축하기 위해 미군에 의해 폭파된 적이 있긴 하지만, 당시의 모습을 잘 유지하고 있다.

금강철교를 가설할 당시 강경사람들의 반대가 심했는데, 다리높이로 인해 강경의 배가 통과하기 불편하면 경제적 타격이 우려되기 때문이었다. 그러나 서해가 만조일 때에도 다리와 수면 사이가 삼십 척(약 9m)이고, 평시에는 곱절이 되므로 어떤 범선도 능히 다닐 수 있었다 한다.

공산성 한바퀴

성벽을 따라 조망하며 산책할 수 있는데, 성곽의 둘레는 총 2,660m로 자연 지형 위에 축조한 산성이라 오르막과 내리막이 적절하게 배합되어 있다.

성안에는 왕궁지를 비롯해 조선시대 이괄의 난을 피해 인조가 머문 것을 기념한 쌍수정과 광복루, 연못 등 볼거리가 많고, 성안의 황톳길을 따라 걷 는 1.6km도 참나무 등의 활엽수가 그늘을 주어 사색하기에 좋다.

주말이면 12시에 서쪽 문루인 금서루에서 수문장 교대식도 볼 수 있다.

곰나루

공산성에서 내려와 금강철교를 둘러보고 좌안의 금강시민공원 데크를 따라 400여 m 걷다가 정지산터널 위로 올라간다. 터널 지붕에서 내려와 700여 m 인도를 내려오면, 웅비탑이 서 있는 곰나루입구이다.

곰나루 입구는 울창한 소나무 숲이다. 450여 주의 소나무들이 일일이 번호표를 달고 있다. 수령이 얼마나 되는지 알 수 없을 만큼 경주의 삼릉 못지않은 솔숲이다. 이리 휘고 저리 휘며 비틀비틀 몸을 키운 소나무들에서 경외감마저 들 지경이다.

솔 숲 안에는 당나라 13만 군대가 머물며 군정을 폈던 웅진도독부 터와 수신에게 제사를 지내던 웅진사 터 등이 있다.

곰나루는 한때 넓은 백사장의 나루터로 공주로 많은 범선이 문물을 실어 나르던 번화한 나루터였다.

또한 강 건너 연미산의 곰굴에서 도망친 사내에게 버림받은 암곰이 자식과 함께 강물에 몸을 던진 슬픈 일화가 있는 곳이며 공주의 옛 이름 웅진의 유래가 된 곳이기도 하다.

현재는 4대강사업의 준설로 인해 백사장의 모래가 줄었고, 하류에 들어선 금강보로 인해 강 수위가 높아져 곰나루의 면적이 훨씬 줄었다.

자연경관이 뛰어나고 역사적 의미가 있는 곰나루 옆에 인공구조물 금강보가 어깨를 나란히 하고 있는 모습은 세계문화유산 선정을 꿈꾸는 공주백제에게 어떤 의미일까.

청양

제12장

왕진나루 | 원왕진마을
왕진교 아래 저석습지
백제보

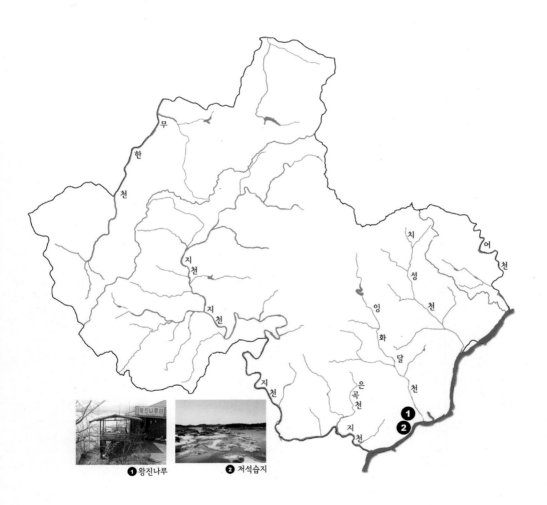

무
한
천

치
성
천

어
천

지
천

지
천

잉
화
달
천

지
천

은
곡
천

지
천

❶ 왕진나루   ❷ 저석습지

왕진나루

금강은 공주의 백제큰다리를 지나 23.5km만에 왕진교를 만난다. 왕진교는 청남면 동강리와 부여읍 저석리를 연결하는 다리로, 왕진은 의자왕이 백제 멸망 최후에 이곳에서 나룻배를 타고, 공주로 몽진했다 해서 비롯된 이름이다.

이곳은 청양에서 부여로 향하던 유일한 수로였던 왕진나루가 있었는데, 1980년대까지 청양과 부여를 잇는 주요 교통로였다.

충남에서도 가장 오지인 청양지역은 교통에 있어서 가장 불편을 겪었지만, 강변을 끼고 있는 청남면과 목면 지역은 나루를 이용할 수 있어 부여를 생활권으로 가까이했다.

또한 인근의 공주나 부여로 통학과 통근하는 사람들이 많았고 서울, 대전, 공주를 가고자 해도 이곳을 통해야 했다. 원왕진마을에는 평생을 왕진나루 뱃사공으로 일하신 김종락 어르신을 통해 과거의 시대상을 들을 수 있다.

일제강점기에는 정산 네 개 면의 공출이 이곳에서 이루어졌다. 곡식이 왕진나루에 모이면, 배를 통해 강경으로 옮겨져 호남선 기차를 통해 서울로 보내졌다.

해산물유통의 경우 청양읍지역은 서해안과 통하기가 쉬웠지만, 칠갑산 동부 정산면 지역은 지형적 여건으로 육로교통이 원활하지 못했다. 따라서 천상 금강을 따라 강경에서 올라온 각종 해산물들은 왕진나루에 하역되어, 우마차를 통해 미당 장을 거쳐 정산 장으로 들어갔다.

이토록 부여로의 이동통로로서, 물자의 집산지로서 청양인은 왕진나루 터로 들어와야 했다. 이 나루를 이용해 부여의 자왕으로 통했을 만큼, 나루 터 인근 선술집과 색시 집에는 사람들로 항상 바글바글했다.

원왕진마을

그렇게 번성했던 마을이지만, 지금은 청양에서 제일 오지가 되었고, 나루터에는 조그마한 식당이 홀로 남아 오가는 길손의 향수를 자극하고 있다.

왕진마을은 제방에 갇혀 금강이 보이지 않는다. 사는 사람 적은 마을은 인기척 없이 조용한데 소들만 축사에서 울어댄다.

마을의 모가울길을 따라 들어가면 돌담의 나이가 꽤 오래됨 직한데, 금강이 잘 보이는 왕지나루 언덕에는 40여 년 전까지 몽뢰정(夢賚停)이라는 정자가 있었다 한다.

ⓒ 복권승

금강은 예로부터 멀리 뱃길을 살필 수 있는 전망터 혹은 아름다운 경관
지에는 예외 없이 정자가 있었는데, 정자에서는 선비들이 경관을 읊고 풍
류를 즐겼으며 담론이 오갔을 것이다.

몽뢰정은 금강에 예로부터 전해지는 8정 중 하나인 것이다.

왕진교 아래 저석습지

왕진교 부근 우안에 잉화달천이 합류하고, 좌안에 자왕천이 내려오면서 너른 강폭으로 저석습지를 형성한다.

2008년 창원에서의 람사르총회 이후로 습지에 대한 관심이 높아지면서 습지에 대한 인식이 많이 바뀌고 있다.

단순히 둠벙, 축축한 땅, 늪 등만을 습지로 여기던 인식에서부터 연안과 내륙에서 물과 영향력을 갖고 있는 포괄적인 범위로 광범위한 의미를 갖고 있다는 것을 알게 되었다.

이에 국가나 지자체에서 지정한 국가습지와 지자체습지 외에도 금강유역에도 마을습지들을 지정하였다.

비록 이 저석습지의 경우는 금강유역의 습지에는 들지 않았지만, 하중도와 식생이 잘 발달한 곳으로 말똥가리, 물수리 등 맹금류와 이들을 상위계층으로 하는 다양한 생물종이 서식하는 곳이며, 경관적으로나 역사적으로

나 의미 있는 지점이다.

　나루터가 활황이던 때에는 700m 길이의 백사장이 장관을 이룰 만큼, 이 곳은 하천의 합수부로서 모래가 퇴적되는 지형이고, 이후 잦은 준설과 재 퇴적으로 인해 하중도와 둔치는 지금의 모습으로 발전해 왔었다.

　그러나 최근 금강정비사업의 일환으로 준설이 이루어지면서 저석습지 일부가 원 모습에서 많이 변형되었다.

　준설과 친수공원사업이 왕진나루터의 모습을 바꾸었지만, 향후 물길은 또 제 물길을 찾아 원 모습을 회복할 것이다. 다만, 자연이 본 모습으로 회 귀하려는 눈물겨운 노력에 더 이상의 사람손이 훼방을 놓지는 말아야 할 것이다.

ⓒ 복권승

백제보

왕진나루를 지나 지천합류점으로 가는 길에 백제보가 있다. 금강은 연기군 금남보와 공주시 공주보와 더불어 백제보가 2011년 10월에 완공되었다.

백제보의 구조물은 계백장군이 말을 탄 모습을 형상화하는 모습으로, 부여와 청양을 도보로 이어 주는 공도교가 보 위에 있다.

4대강사업은 금강물길을 거대보로 막아 물 확보, 홍수 예방, 수질 개선, 생태계 복원, 지역경제활성화를 하겠다는 목표 아래 진행되었다.

그러나 4대강사업에 대한 끊임없는 타당성 논란과 공기를 맞추기 위한 속도전으로 공사과정에서 크고 작은 오염사고와 부실논란이 제기되어 왔다.

국민적 합의와 수렴과정 없이 진행된 대규모 토건사업인 4대강사업. 이제 이 사업의 결과를 지켜보고 평가하고 과제로 짊어져야 할 일은 온전히 미래세대의 몫이 되었다.

우리는 이제 더 이상 무거운 짐을 후대에 남기지 말아야 한다. 하루빨리 우리사회가 자연을 대하는 마음에 있어 자연의 내재적 가치를 인정하고 존중할 수 있는 성숙한 시민사회로 커야 할 것이다. 더 이상 자연이 인간의 삶의 질을 성숙시키기 위한 도구로 파괴되어서는 안 될 것이다.

자칫 좌시될 수 있는 자연의 가치를 인정할 때, 개발과 보존이라는 상충적 이념이 조화와 균형을 통해 지속 가능한 발전의 수단이 될 수 있는 것이다.

부여

제13장

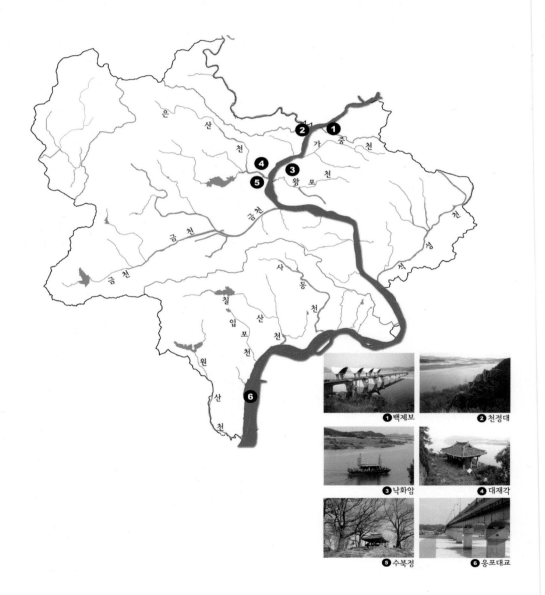

① 백제보 ② 천정대

③ 낙화암 ④ 대재각

⑤ 수북정 ⑥ 웅포대교

백제 설화 속 제상을 뽑던 천정대

부여 관내 금강의 거리는 금강에 면한 17개 지자체 중 가장 길다. 우안은 청양 지천(하구기점 62.5km)부터 서천 원산천(하구기점 17.5km)까지 45km에 해당하고, 좌안은 저곡리(하구기점 67.5km)부터 석성천(하구기점 42.5km)까지 25km에 해당한다.

우안의 지천합류점에 위치한 천정대를 오르는 길은 호암리마을에서 올라가는 등산로를 이용하고, 하산 길은 호암양수장길을 추천하고 싶다.

구릉을 따라 올라앉은 호암마을 뒷산 등산로는 4륜자동차가 올라간 흔적이 있을 만큼 경사가 낮다.

소나무 숲길을 따라 10여 분 오르면 만나는 정상, 아주 조금 올라왔는데, 의외로 경치가 남다르다.

신라에 화백제도가 있었다면, 백제에는 하늘을 숭배하고 회의를 통해 제상을 뽑던 천정대가 있었다.

부여는 백제의 옛 도읍지답게 걸출한 문화재가 많다 보니, 천정대(충청남도기념물 제49호)는 상대적으로 알려지지 않은 곳이다. 그러나 천정대는 역사적인 가치와 함께 금강과 백제보를 조망할 수 있는 위치에 있어 의미가 있다.

정상부에 이르러 발아래 펼쳐진 금강의 모습에 감탄한다.

청양의 지천을 살찐 금강이 받아들이는 모습, 그 안에 품고 있는 속살 같은 하중도, 이토록 자연스런 금강의 얼굴이 새로 화장을 하고 있으니, 가로로 획을 그으며 서 있는 백제보이다.

지금 서 있는 천길 절벽 주변 임금바위, 신하바위 등은 곳곳에 조명시설이 되어 있어 밤에 보는 금강의 모습을 궁금하게 한다.

하산 길은 안내판도 좋고 정비가 잘 되어 있다. 목도를 통해 내려와 만난 호암양수장은 백제 부여를 형상화한 한옥모습이다. 강 건너에서 보면 감히 양수장이라 하지 못할 만큼 위엄 있고 장대한 건축물이다.

양수장 드는 길에는 검은 대나무인 오죽이 늘어서 있다.

호암리 백사장

천정대에서 내려와 백마강섬교 아래로 내려간다. 백마강섬교는 2011년 세계백제대전을 계기로 백제역사재현단지가 개방되면서, 왕복 4차선으로 확장되었다.

 백마강섬교 아래 호암리 둔치는 부여상수원보호구역으로 강모래의 가치가 수질정화에 탁월함을 인정받아 철저히 보호받아 왔었다. 4대강사업 이전에도 금강의 많은 모래들이 지자체의 재정수입원이 되어 고갈되고 있던 터에 두터운 모래톱이 그대로 남아 있다는 것은 참 다행스런 일이었다.
 호암리 백사장은 금강의 몇 안 되는 천연의 백사장으로 높은 생태경관적 가치를 지녔던 곳이었다.

 그러나 현재 부여는 금강을 취수원으로 하지 않고, 대청호 광역상수원을 이용하다 보니, 소중하던 모래톱 동산은 준설되어 자갈돌만 뒹구는 곳이 되어 버렸다.

갈대가 풍성했던 신리길

낙화암을 마주하고 있는 신리갈대밭의 이전 모습을 아는 이는 별로 없다. 신리는 원래 비닐하우스단지와 갈대밭이 혼용된 구간이었는데, 갈대밭 사이로 난 오롯한 오솔길은 사랑하는 사람들을 더 가까워지게 만드는 아름다운 길이었다.

발을 딛고 들어갈 수 없을 만큼 빼곡한 갈대림과 간혹 부분적으로 모래 채취가 이루어졌던 곳에서 드러낸 갈대의 뿌리는 직경이 10cm 이상으로, 3m 이상을 땅속 깊이 파고들어 가 있었다. 그 뿌리를 키워 주던 질 좋은 모래는 가히 산을 이룰 만큼 풍성하고, 드넓어 갈대밭과 단무지 밭이 광활하게 펼쳐졌었다.

그러나 4대강사업은 비닐하우스와 갈대밭을 밀어내고 친수공원으로 조성해 수상공연장, 주차장, 나대지에는 코스모스 밭을 조성했다. 또한 백제역사재현단지와 롯데리조트와 통하도록 한 길이 금강을 건너 구드래나루터로 이어지는 동선을 이루느라 마사토가 뿌려진 엄청나게 큰 포장도로로 대체되었다.

부소산성

부여의 부소산성(사적 제5호) 부근의 강줄기를 백마강이라 부른다. 백마강은 백 개의 촌락이 있던 강이라 해서 백촌강—백마강으로 전래되었다.

부소산은 해발 106m의 야산으로 성 둘레는 약 2.2km에 해당된다. 공산성은 성곽을 따라 금강을 조망하며 걸을 수 있지만, 부소산은 산성 내부의 산책로를 따라 한 바퀴 돌 수 있다.

새벽녘 안개 속에서 몸을 보여주는 솔숲의 전경과 한낮의 싱그런 참나무그늘이 주는 여유는 부소산성을 걷지 않은 사람은 모를 만큼, 아름답고 즐거운 경험이다.

산책로를 따라가면 군창지와 절터, 와적기단, 건물터, 사자루, 영이루, 반월루와 같은 유적지와 단풍터널이 아름다운 궁녀사, 금강이 조망되는 낙화암, 대금소리 청아한 고란사까지 이어진다.

고란사 앞에는 소정방이 용을 잡으려 낚시하던 조룡대가 있다.

구드래나루터와 고란사선착장을 왕복하는 황토돛배가 떠 있다. 구드래는 부여의 다른 말로 일본어의 대국, 큰 나라, 섬기는 나라라는 뜻이면서 동시에 백제를 뜻하는 말이었다 한다.

굿들개가 변해서 된 말로 굿들개란 천지신명의 제사를 모시던 곳이라는 이야기도 있다. 이 구드래 나루터를 통해서 백제는 일본에 문명을 전해주었던 것이다.

사비시대의 백제와 금강

무령왕의 뒤를 이은 성왕이 사비로의 천도를 단행하면서 백제는 다시 한번 새로운 중흥의 기회를 맞게 되었다.

웅진지역은 지형적 요새이긴 하나 지역이 너무 협소하고 지대가 낮아, 홍수 시 자주 금강물이 침수되는 등 도성의 경영에 적합하지 않았다.

이에 새로운 도읍지인 사비는 충분한 식량을 생산할 수 있는 넓은 평야가 있고, 북으로는 부소산, 남서로는 금강이 흐르고 있어 웅진 못지않게 방어적인 측면에서도 적합하였다. 또한 서해와 가까워 중국과 일본의 교섭에도 유리했었다.

왕도는 왕성과 왕성을 둘러싼 나성으로 이루어져 있다. 사비도성 안에는 부소산성이 있는데, 이 산성은 백마강을 자연방벽으로 하고 있고, 성내에서 발굴된 망루지는 웅진지방으로부터 강을 따라 내려올지도 모를 적을 감시하기 위한 시설이었다.

백제의 멸망과 부흥

사비천도 후 국가적 중흥을 이룬 성왕은 고구려에 빼앗긴 한강유역을 탈환하기 위해 신라의 진흥왕과 밀약을 맺고 북진 탈환하는 데 성공한다.

그러나 신라의 역공으로 한강유역을 상실하게 되고, 이에 대한 보복전을 벌이지만, 관산성전투의 패배와 성왕의 전사로 백제는 혼란과 위축을 맞는다.

하지만, 무왕과 의장왕대에 안정을 되찾고 신라에 지속적 보복전을 감행하는데, 특히 희자왕대에 고구려의 연개소문과 연합하여 신라에 대대적 공격을 감행해 당상성과 대야성을 공격, 신라의 서울 경주까지 위협하는 전과를 거둔다.

그러나 승승장구하던 백제는 660년 나당연합군의 기습으로 국가멸망의 비운을 맞는다.

나당연합군은 계백의 결사적 항전을 물리치고, 사비성으로 돌진하여 도성을 함락시켰고, 의자왕은 웅진성으로 피난하였으나 결국 나당연합군에 항복하고 말았다.

왕흥사지터

금강유역은 삼국시대 백제의 중심지역으로 일찍부터 불교미술을 꽃피웠다. 왕흥사지는 규암면 신리 울성산성의 남쪽 기슭에 있었던 것으로 추정하는데, 왕이 배를 타고 강을 건너 향불을 올렸다는 기록이 있다. 왕흥이라는 명문기와편이 발견되었으며 백제시대의 연화문 와당도 발견되었다.

　지금도 발굴작업이 계속되고 있지만, 공주 부여의 많은 유적지가 금강을 끼고 있는 데 반해, 금강정비사업은 정확한 문화재조사가 선행되지 않은 채 신속히 진행되어 문화재의 훼손정도가 매우 심각한 수준이다.

대재각과 부산

대재각으로 가기위해 발아래 굽이치는 강물과 가까이하며 백마강가에 한옥모습을 하고 있는 라복양수장으로 들어간다.

양수장은 마치 사극의 세트장과 흡사한데, 백마 강가 많은 건물들이 이런 모습을 하고 있어 관광부여의 이미지에 일조한다.

깎아지른 절벽위로 철계단을 따라 올라가면 강을 바라보고 있는 대제각이 있다.

홍살이 쳐진 누각 안에는 효종때 영의정을 지냈던 백강 이경여가 왕으로부터 받은 글을 새긴 바위가 있는데, '지통재심 일모도원' "호란의 치욕을 씻지 못하는 비통함이 남아 있는데, 날은 저물고 길은 멀기만 하다."라 쓰

여 있다. 이경여 선생이 부여에 낙향하여 있을 때인 1657년(효종 8년), 북벌에 관련된 상소를 올렸던바, 이 글은 그에 대한 효종의 답서 중 한 구절이다. 송시열 선생의 글씨를 백강 선생의 손자인 이이명이 1700년(숙종 26년)에 바위에 새기고 대재각이란 건물을 지었다고 한다.

대재각 앞에서 강을 조망하니 오른쪽으로는 붉은 백제대교가 보이고, 왼편으로는 낙화암이 보인다. 또한 시원하게 펼쳐진 백마강의 살찐 강물도 출렁인다.

대재각이 있는 부산은 라복마을 뒷산으로 진변리 강가에 있다. 부여에는 백제의 전성기에 산신이 살았다는 오산(烏山), 일산(日山), 부산(浮山)의 삼산이 있다. 백제가 전성시대에는 삼산의 신이 아침저녁으로 서로 왕래했다고 전해 온다.

백제대교

은산천을 건너 계백로를 잇는 금강의 백제대교에 왔다. 백제대교는 1968년 부여읍과 규암면을 연결하는 다리로, 부여는 백제대교, 백마강교, 황산대교, 웅포대교라는 4개의 굵직한 다리가 있어 교통이 편리하다.

백제대교 위에 조형물은 금강에 떠있는 배를 형상화하였고, 다리는 차도와 인도를 엄격히 구분해, 넓은 인도에서 인라인 스케이트도 탈 수 있을 만큼의 폭도 확보했다.

수북정과 자온대

백마강과 규암나루터 그리고 백제대교가 한눈에 보이는 금강의 우안 정상인 자온대 위에 서 있는 수북정. 오래된 굴참나무들이 수북정 동산을 에워싸고 있다.

조선 광해군 때 양주목사를 지낸 수북 김흥국이 지은 정자다. 신흠이 쓴 팔경시판(八景詩板)이 걸려 있고, 부여 팔경의 하나로 경치가 매우 뛰어나다.

수북정 아래 커다란 암반에 자온대가 있다. 자온대는 백제시대왕이 황룡사에 행차할 때 이 바위를 거쳐 가곤 했는데, 왕이 도착할 때마다 바위가 저절로 따뜻해져서 구들돌이라 불렀다 한다. 암벽에는 우암 송시열 선생이 쓴 친필이 음각으로 새겨져 있는데, 실제 자온대를 보려면 백제대교에 올라가서 볼 수 있다.

일설에 의하면 자온대의 위치는 이곳이 아니라 한다. 황룡사는 낙화암 맞은편에 있었으니 물속에 있다는 것이 정확한 표현이다. 지금은 상류퇴적물이 심해 자온대가 보이지 않는다 한다.

규암나루터

규암나루터는 과거 수운 교통이 성할 때는 군산, 장항, 강경 등지를 왕래하는 나룻배의 중간 기착지로 활용되었으나, 백제대교가 1968년 개통되면서 그 기능은 쇠퇴하였다. 현재는 구드레나루터와 낙화암을 오가는 관광용 선착장으로만 사용되고 있다.

나루터 주변 식당 수족관에서 이전에 많이 잡혔다는 참게를 구경할 수 있다. 하굿둑으로 인해 참게의 생태계가 파괴되었는데, 현재 인간은 그것을 살리겠다고 매년 많은 예산을 들여 참게의 치어들을 방류하고 있다.

이곳에서 잡히던 참게는 서울서 참게덕밥이라 하여, 샘표간장에 비벼진 맛이 가히 일품이었다 한다. 또한 김장 무렵이면 참게 장을 함께 담그곤 했는데, 살아 있는 참게에 소고기를 먹인 후 하루 있다 담그는 참게 장은 은근한 소고기 맛까지 내어주어 그 맛이 별미였다 한다.

금강의 회유성 물고기들

금강이 바다와 소통을 하던 때, 썰물이면 고군산열도나 흑산도까지 금강의 누른 황토 흙이 내려가고, 들물이면 연평도에서 황토 흙을 싣고 바닷물을 날라 왔다. 황토 흙, 즉 흙탕물은 물속의 물고기 알들에게 약을 주는 물이라 금강하류 사람들은 굳게 믿고 있다.

적조가 발생하면 황토를 뿌리는 이치와 같다고나 할까. 금강의 물은 물고기에게 꼭 필요한 물이고, 바다와 관련한 회유성 물고기에도 꼭 필요한 물인 것이다. 또한 강을 기반으로 살아가는 강가 사람들에게도 역시 생명과 같은 존재였었다.

하굿둑이 생기기 전에는 종어, 참게, 웅어, 황복, 뱀장어, 숭어 등 바다와 민물을 오가는 회유성 어종이 참 풍부했다.

임금님께 진상하던 최상의 물고기라는 종어는 금강뿐 아니라 우리나라 강에서 멸종된 지 오래고, 참게는 바닷물과 민물이 합류되는 기수지역에 산란하여 강으로 거슬러 올라와 성장한다. 뱀장어는 먼 태평양 심해에서 산란해 바다에서 민물로 올라오는데, 특히 부여 반조원리의 나루터는 실뱀장어의 주 어장터로 하루 조업 량이 1~2톤은 기본으로 나올 만큼 많아,

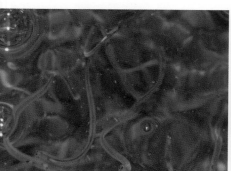

1980년대까지 일본으로 수출을 할 정도였다.

하굿둑이 막힌 지금, 황복은 담수에 갇혀 이 지방 사람들이 부르는 밀복만 있을 뿐이고, 장어 치어는 하굿둑 바깥에서 그물망으로 잡아 양식하지만, 수요가 모자라 중국에서 수입하는 실정이다. 그나마 숭어나 우어 등 수문이 열렸을 때 올라오는 놈들을 간간히 잡는 정도인데, 우어는 봄 전어, 가을 우어라 해서 맛도 좋고 뼈째 먹어 영양도 좋으니 백제시대 임금님께 진상했던 최고의 민물고기였다.

하굿둑은 강가에 사는 사람들의 많은 부분을 변화시켜 놓았다. 물고기를 잡는 어부는 줄었고, 그 어부들마저도 고기를 잡는 어부가 아닌, 대다수 양식업으로 전환하고 있다. 그 많던 회유성 어류들을 양식으로 키워 우리들 식탁 위에 올려놓기 위함이다.

우리는 자연스레 강으로 올라오는, 혹은 바다로 내려가는 그런 물고기를 더 이상 먹을 수 없게 되었다.

기수 역을 드나드는 어류들의 독특한 맛의 세계를 경험하는 일은 이제 서민적이지 못한 특별한 경험이 되어 버렸다.

둔치농경이 친수공간으로

부여는 금천을 중심으로 한 구룡평야와 금강 사주부를 중심으로 농경지가 발달하였다. 부여 최대 하천인 금천이 사행하면서 주변 저습지를 중심으로 한 구룡평야는 충남에서는 논산평야 다음으로 큰 평야이며, 강물이 크게 굽이돌면서 상류에서 다양한 물질이 퇴적되는 사주부 구간인 부여읍과 세도면은 범람원으로 인해 너른 평야이다. 하천의 크기가 크다 보니 그 면적은 매우 넓어 세도면 일대는 특히 둔치를 포함한 시설단지가 매우 넓게 발달했었다.

부여군 세도면 일대의 둔치는 광활한 비닐하우스 시설 농지였으나, 현재는 친수공간으로 바뀌었다.
항공사진으로 보면, 빼곡했던 비닐하우스의 물결이 마치 반짝이는 금강 물결과 흡사할 만큼 광활한 면적이었다.

둔치농경은 농약과 비료로 인해 토양을 오염시키고, 폐비닐과 농약병, 스티로폼 등 농업쓰레기를 양산함으로써 궁극적으로는 하천수질을 오염시키는 주범 중의 하나이다.

하천이란 물이 흘러가는 곳뿐만 아니라 제방 안의 모든 토지를 포함하고 있다. 따라서 둔치는 홍수 시 배후습지의 역할을 하기 때문에 인위적인 시설물이나 용도로 사용해서는 안 된다.

그저 물이 넘치면 받아 주는 그릇으로, 물이 맘대로 지나가면 내어주는 길이 되어 주도록 해야 한다.

그러나 친수공간의 둔치는 보도블록 등 인공시설물, 꽃밭 등의 조경, 운동장 및 주차장 등이 점유하고 있다.

진정으로 강과 하천의 생태와 수질을 위하는 것은 하천을 자연으로 돌려주는 것이지, 일괄적으로 조성한 친수공원 조성이 아닌 것이다.

강경

제14장

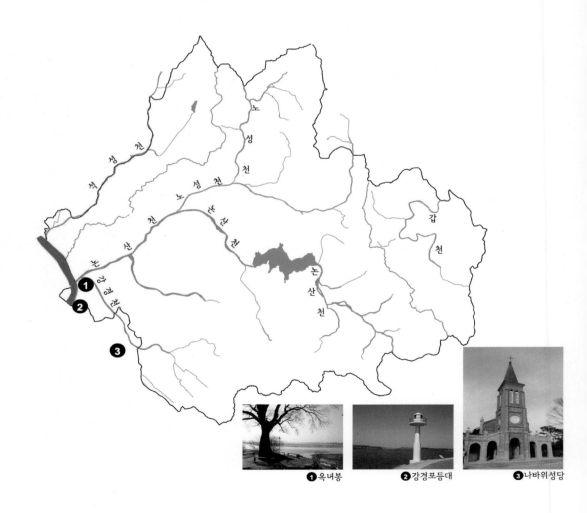

석성천

노성천

노성천

논산천

노성천

논산천

논산천

갑천

논산천

논강경천

① 옥녀봉　② 강경포등대　③ 나바위성당

금강수운의 중심지 강경

논산시 강경읍은 부여와 익산사이에 있는 물의 고장이다. 서쪽으로는 금강이 흐르고, 북쪽으로는 강경천과 합류하는 논산천이 내려오고, 동쪽으로는 호남선 철로가 가로지르며, 남쪽으로는 익산이 2km 남짓 가까이 있어 읍내 시가지는 자그마하다.

강경은 시간이 더디 가는 것 같은 70년대 골목풍경이 대부분이다. 곳곳에 읍내 곳곳에 남아 있는 근대 건축물들은 파란만장한 강경의 역사를 짐작하게 한다.

강경이 세인들에게 알려지기로는 현재 젓갈시장이 전부이지만, 지금의 젓갈시장이 있기까지 강경의 역사를 알면, 젓갈로나마 부흥했던 강경의 명맥을 잇고자 하는 강경인들의 노력을 이해하게 된다. 강경의 어제를 찾아가는 일은, 강경을 넘어 금강을 이해하는 중요한 일이라 할 수 있다.

강경은 조선시대 공주, 홍주(홍성), 청주, 충주와는 다르게 마땅한 행정기반도 없는 조그마한 한촌이었다.

당시 황토 돛을 단 범선은 민물을 타고 부여의 규암까지 들어갔었다. 군산항이 개항하면서 군산으로 들어오는 수산물과 면포, 석유, 성냥, 사탕 등의 수입품은 대부분 강경을 통해 퍼져 나갔고, 강경에서 작은 배로 갈아타 생선, 소금 등을 싣고 부강으로 올라가면, 내려올 때 부강, 공주, 부여 등지에서 쌀, 면화, 설탕 등을 싣고 왔다.

강경시장까지 깊숙이 배가 들어오는 천혜의 자연 지형으로 인해 강경 장

날에는 100여 척의 범선이 운집했고, 일본상인 중국 상인 등이 드나들었다. 강경은 이렇게 정기시장을 중심으로 상업이 번창하여 금강유역 물류의 집산지가 되었는데, '1위 대구, 2위 강경, 3위 평양'으로 꼽히던 조선시대 3대 시장 중 하나였을 만큼, 금강권역 수운상권의 중심에 있었다.

강경은 청주, 공주 전주의 지역 유통 권을 연결시켜 주고, 다른 지역으로의 통로역할로 부흥을 이뤘다. 강경포에서 유통되는 상품 중 금강유역에서 생산되는 쌀은 서울과 제주에 이르기까지 전국으로 퍼졌고, 전라도의 면포, 서해안의 어염, 해산물, 함경도 원산에서 나는 북어까지 강경포로 유입되어 매매되었다.

그러나 경부선의 개통으로 청주, 공주가 강경상권에서 떨어져 나가고, 1914년 호남선의 개통으로 강경포의 정기시장은 크게 위축되기 시작한다.

호남선은 금강, 만경강, 동진강, 영산강 유역을 연결하는 노선인데, 금강유역의 산업이 항구도시로 급부상한 군산으로 집중하게 되는 것이다. 또한 상류에서 유입되는 엄청난 흙모래로 수위가 낮아져 강경포구는 큰 배가 더이상 들어올 수 없어 사실상 수상교통시대의 막을 내려야 했다.

강경읍내 근대문화유산을 찾아서

1) **강경역**에서 내린다. 과거 철마다 1백 척이 넘는 고깃배와 쌀 수송선이 강경 포구를 꽉 메울 적에는 강경역을 매일 출발하는 쌀가마니가 4천여 가마에 달했다.

또한 역 광장에 산더미처럼 쌓여 있는 어류와 해산물의 비린내가 온 읍내를 진동했다.

항상 번잡한 강경역의 승객은 내국인보다 일본인이나 중국인 등 외국인이 더 많았다.

강경은 워낙 작은 도시라 역을 중심으로 반경 2km 내에서 강경 읍내를 두루 둘러볼 수 있다. 여유 있게 걸어도 좋고, 자전거를 이용해도 좋다.

강경읍내 일제강점기에 지어졌던 근대건축물을 둘러보고, 금강을 따라

나바위성당까지 가고자 한다. 강경상고사택—강경초 강당—남일당한약방
—한일은행—노동조합건물—침례교회—북옥교회—옥녀봉—강경포등대
—나바위성당까지 가고자 한다.

2) 강경상고로 가기 위해 강경 역에서 신작로로 나와 우회전하여 1km 걷
는다. 신작로는 강경의 가장 번화한 길로 대전지방법원 논산지원과 대전지
방검찰청 논산지청, 경찰서, 읍사무소 등이 모여 있다.
　금강수운의 발달로 강경상권에 발을 들여놓은 일본인들은 사회간접시
설과 문화시설을 확충했다.
　충남에서는 처음으로 전기를 들였고, 상하수도공사도 이루어졌으며 극
장도 만들었다.
　법원, 검찰청, 우체국, 전기주식회사 등 주요 관공서가 들어왔고, 한일은
행 등 주요 은행이 세워졌다.

당시 금융계에 두각을 나타내던 강경상고는 전국 5대 명문상고중 하나
였을 만큼 위세가 뛰어났다.

강경상고 관사(등록문화재 제322호)는 강경상고(현재 강상고등학교) 안에 있
다. 1931년에 지어졌으며, 일본 목조형식을 벽돌구조로 바꾼 건물로 급격
한 경사의 독특한 지붕구조가 특징이다.

3) 강경초등학교 강당(등록문화재 제60호)은 왔던 길을 450여 m 되돌아간
다. 2005년에 개교 100주년 행사를 했을 만큼 전통을 자랑하는 학교인데,
강당은 1937년에 지어졌다.

붉은 벽돌구조에 창을 크게 많이 달았는데, 한국 전쟁 때 총탄과 포탄세
례를 받아 복구가 이루어진 후, 지금도 어린이들의 강당 겸 체육관으로 사
용하고 있다.

4) 남일당한약방(등록문화재 제10호)으로 가기 위해 강경초등학교를 나와 오른쪽으로 향한다. 골목을 따라 촘촘하게 줄지어 서 있는 집들은 70년대에 멈춰 있는 듯하다.

집집마다 담이 없이 창문과 현관이 거리로 나 있는 것으로 보아 과거 시장 통에 빼곡했던 상점들을 주택 집으로 개조한 듯 보인다. 세 집 건너 한 집 꼴로 부서져 가는 집들이 태반이다.

초등학교에서 270여 m 지나와 사거리에서 우회전하니 남일당한양방이 보인다. 검은 나무벽체에 기와를 얹은 2층 건물이다. 시인이자 교수이신 유한근 씨가 조부님이 운영하시던 한약방건물을 관리하고 계시다.

운 좋으면 일요일에 내부를 볼 수 있는데, 약서랍과 간판 등 그 시절의 흔적들을 잘 보관하고 있다.

한일은행으로 가기위해 한약방에서 300여 m 직진하면 지붕을 덮은 재래시장을 통과한다. 재래시장 안에는 단골영화촬영지라는 담뱃가게가 있다.

쌀가게에 딸려 있는 담배 방 주인어르신은 한 평 남짓한 방 안 아랫목에서 재수 따기에 여념이 없다. 흐릿한 쪽유리에 담배가 잘 보이도록 진열한 모습이 문득 어릴 적에 봤던 모습이다.

5) **구 한일은행 강경지점**(등록문화재 제324호)은 재래시장을 나와 우측에 있다. 1913년에 지어진 붉은 벽돌 건물로 가장자리를 화강석으로 장식하여 멋을 주었다.

근대 강경 상권을 대표하는 금융시설로 이후 동일은행, 조흥은행, 충청은행 등으로 바뀌다 최근 젓갈창고로도 사용했다.

한국전쟁 때 폭격의 흔적을 최근까지 볼 수 있었는데, 2009년에 복원하였다.

6) **강경노동조합건물**(등록문화재 제323호)로 가기 위해 다시 재래시장 쪽으로 되돌아와 우회전한다. 1925년에 지어진 이 건물은 원래 한국식과 일본

식이 혼합된 2층 목조건물이었으나 최근까지 젓갈저장소로 사용되다가 단층 건물로 복원하여 원래 모습과 달라졌다.

과거엔 1층 앞까지 강물이 들어와 배를 댈 수 있었다는데, 포구에 들어온 배는 순번에 의해 물건을 내렸을 만큼, 노동조합의 규모나 세력은 대단하였단다.

건물 맞은편에는 차곡차곡 쌓아진 젓갈통과 함께 1950년대 강경포구의 옛 모습을 담은 벽화가 있다.

7) 강경젓갈시장이 선창 길을 따라 줄 지어 있다. 강경젓갈이 전국적으로 유명하게 된 것은 강경포구시절로 거슬러 올라갈 수 있다.

서해 생선의 집산지였던 강경은 팔고 남은 생선을 오래 보관하기 위하여 염장법과 수산가공법이 발달할 수밖에 없었다. 비록 쇠락한 강경이지만, 옛 강경포구에서 전래되던 전통방법으로 젓갈을 담구고 숙성함으로써 강경의 명성을 찾아가고자 한다.

젓갈상점들은 관광버스가 내려놓는 단체손님을 맞을 수 있을 만큼 규모나 인심이 넉넉하다.

상점마다 내부에 옛 강경포구의 사진을 걸어 놓았는데, 시장 안까지 들어온 많은 배, 배 반, 사람 반으로 선창 길을 하얗게 덮고 있는 한복 입은 민초들의 모습 등 값지고 흥미로운 사진들로 강경을 읽을 수 있다.

8) 옥녀봉을 가기 위해 포구 길로 나간다. 옥녀봉은 강경벌판의 금강 변에 있는 높이 43m의 야트막한 언덕으로, 강경 벌에서는 이를 강경산이라 했다.

옥녀봉 동쪽으로 논산천과 강경천이 Y자형으로 내려오는데, 과거엔 밤낮으로 몰려드는 크고 작은 배들이 논산천과 강경천에 늘어섰다고 한다.

옥녀봉 위에는 나이를 알 수 없는 느티나무 고목이 수형 좋게 서 있는데,

수km 밖에서도 옥녀봉 느티나무는 강경의 등대처럼 잘 보인다.

느티나무 아래에는 작은 구멍가게가 하나 있다. 옥녀봉 공원화사업 때 일반주택들은 모두 철거되었지만, 느티나무를 지키는 구멍가게만큼은 남겨 놓았다.

말 그대로 먼지 쌓인 점방수준인 구멍가게를 지키는 사람은 20여 년 전 남편과 사별하고 111세 장수 시어머니를 모시고 사는 77세 며느리이다. 104세 때 김대중 대통령으로부터 전국 100세 장수노인들에게 하사한 지팡이를 자랑하셨던 할머니, 2011년 11월에 111세의 나이로 돌아가셨다.

9) 강경침례교회는 옥녀봉공원 노거수 아래 금강이 내려다보이는 곳에 있다. 한국 최초의 강경침례교회로 1889년 한국을 방문한 말콤 펜윅 선교사가 1906년 옥녀봉에 있는 한국 최초의 침례교회 성도인 지병석씨 댁에서 첫 예배를 보고 선교를 시작했다.

이후 항일운동의 근거지를 말살하고 신사를 지으려는 일제에 의해 폐사

되고, 재산은 몰수당했는데, 이를 소개하는 안내판이 없었다면 유적이라 볼 수도 없는 상태로 수년째 방치되고 있다.

10) **북옥감리교회**(등록문화재 제42호)는 옥녀봉 동쪽 언덕배기 주택가에 자리해 있다. 1923년에 지어진 북옥감리교회는 국내에 남아있는 유일한 한옥목조교회로 금강지역의 기독교 선교역사의 상징적 건물이기도 하다.

남녀가 유별한 유교적 풍습에 따라 정문에 2개의 문을 내 따로 출입을 구분한 것이 특징이다.

강경포 등대로 가고자 강길을 걷는다. 강경읍내 둔치공원의 잔디밭에 조성된 자전거도로와 산책로가 씨실과 날실처럼 얽혀 있다. 탁 트인 강을 보며 가슴을 열고 내 맘대로 걷고 싶은데, 이 길로만 가라고 포장해 준 친절함이 차라리 부담스럽다.

금강 상류 쪽으로 금강 종주자전거길이라 쓰여 있는 팻말이 보인다. 여기부터 대청댐까지 107.3km라 쓰여 있다. 과연 얼마나 많은 사람들이 자전거로 대청댐까지 금강을 종주를 할 수 있을까.

11) 강경포등대는 황토돛배나 증기선 등 여객선이나 어선의 운항을 돕기 위해 1915년에 세워졌다. 1900년대 이미 운임을 받는 군산—강경 간 소형 증기선이 운행했는데, 승객 1인에 50전, 곡물 1석에 12전, 잡화 1개에 8전 이었다. 석유발동선이 운행할 때에도 재래식 무동력선의 여객운항이 지속되었는데, 승객 1인에 30전, 곡물 1석 5전, 잡화 1개 4전 내지 5전이었다.

1930년대 기선은 40마력의 동력으로 강경에서 군산까지 기차로 가면 2시간에 80전인 데 반해, 여객선을 이용하면 3시간에 20전이었다. 따라서 여객선은 연일 화물과 승객으로 넘쳐났으니 금강 수운이 철도와 경쟁체제를 맞은 것이다.

이렇게 잘 나가는 군산—강경 간 정기선 사업은 1935년대에 최고의 번성기를 누렸다가 철도와 육로 교통이 발달하면서 강경포구의 기능도 쇠하게된다.

그리고 1987년 6월 황산대교가 준공되면서, 강경—세도 간 도선 사업이 종료되고 등대는 철거되었다. 현재의 등대는 2008년 5월 다시 복원한 모습이다.

익산

제15장

금강의 자전거도로

나바우성당으로 가기 위해 황산대교에서 1.7km 강길을 따라 간다. 폭 3m 의 제방도로에 나 있는 도색표시가 자전거와 자동차 혼용도로임을 알려 준다.

금강 전 구간의 자전거 종주가 목표이다 보니, 평시엔 자동차나 경운기 의 농로로 이용되던 제방도로가 4대강사업 이후엔 자전거도로에 의해 폭 이 반쪽이 되어 버렸다. 자전거나 자동차에게도 서로 위험한 도로가 이어 지고 있는 것이다.

일부 구간은 아예 자동차가 진입이 안 되도록 차단 봉을 설치했다. 오랫 동안 농로로 이용하던 주민들은 그마저도 못하게 된 것이다.

군데군데 자전거 이용자들을 위한 정자 및 쉼터가 있으나, 화장실이나 음수대 등이 없어 자전거 종주노선을 이용하는 사람은 아직 많지 않다.

도보나 자전거로 금강길을 이용하는 것은 참으로 좋은 일이다. 강변을 따라 난 반듯하고 고른바닥의 자전거 길을 자전거로 달릴 때의 쾌감은 이 루 말할 수 없을 것이다. 반면에 도보는 자전거 길처럼 포장된 길을 걷자면 오래 가지 못하고 피곤해진다.

걷는 길은 편안한 흙길이고, 인위적인 환경이 아닌 자연 그대로일 때, 관 절에 무리를 주지 않고 지속적으로 걸을 수 있다.

금강길 양안에 자전거도로가 포장되어 뒤덮여 있는 이상, 걷는 이들을 위한 환경은 차순 위로 밀렸다. 4대강 전 구간에 걸쳐 자전거 길을 조성하 기 위해 들어간 막대한 경제적 비용은 전 국민의 건강과 휴양을 통한 정서

적인 잠재가치에 일조할 수 있어야 한다. 기후변화에 대응하고 녹색교통의 대안으로 부상한 자전거이용이 대중적인 생활자전거의 장려보다는, 강길 종주노선을 달리는 특정 스포츠문화로 상징되는 것은 우려할 일이다.

　이미 조성된 금강 자전거 길의 이용과 관리는 앞으로 지자체의 과제로 남았다. 이 길을 이용하는 도보와 자전거이용자 그룹에게 상호 적절한 환경은 무엇인지, 지역민들과 융합하는 길의 이용은 무엇인지, 이를 통해 지역을 넘나들어 금강유역이 통합된 공동체를 실현할 수 있는 희망을 찾아봐야 할 것이다.

나바위성당

강경서 3km 거리이지만, 행정구역상 익산시에 속한 망산 들판에 화산(華山)이라는 낮은 산 중턱에는 나바위성당이 있다. 나바위는 화산 정상에 넓은 바위가 있어 그 이름을 딴 것이다. 처음에는 화산성당이라 했다가 1989년부터 나바위성당이라 부르고 있다.

나바위성당의 기원은 1845년 중국에서 사제품을 받은 우리나라 최초의 신부인 김대건신부가 포구도 아닌 이곳에 배를 대고 처음 땅을 밟는 데서 시작한다.

이후 1882년 나바위에 공소가 생긴 이후, 1907년 가난한 신자들의 헌금과 노력봉사 희생 등으로 나바위성당이 완공되었다.

나바위성당(국가문화재 사적 제318호)은 한식과 양식이 혼합된 순수 목

조건축물로 건축양식이 독특한데, 정면은 고딕양식의 수직종탑과 아치형 출입구가 서양식인 데 반해, 지붕과 벽면은 전통목조 한옥형태이다. 기와 지붕 아래 복도와 같은 팔패를 두고 있다.

성당 뒤편의 성모동산으로 가면 그늘진 오롯한 산책길을 따라 십자가의 길을 조성했다.

화산정상에는 김대건신부 순교기념비가 있고, 널찍한 너럭바위 위에 금강을 조망할 수 있는 한옥정자인 망금정이 있다.

과거에는 망금정 아래까지 금강물이 차올랐다는데, 지금은 제내지(제방 바깥쪽) 안으로 비닐하우스들이 강물처럼 반짝인다.

익산둘레길

화산으로 가는 금강변 비닐하우스 길을 따라 익산둘레길이 표시되어 있다. 전라북도는 일찍이 지역의 문화와 역사 생태를 고루 묶은 이야기길 사업을 시작했다.

　익산둘레길은 함라산길, 강변포구길, 성당포구길, 무왕길, 미륵산길, 용화산길로 이루어졌는데 금강을 끼고 걷는 길은 강변포구길과 성당포구길이다.

　나바위성당으로 가는 길은 성당포구길에 해당되어 성당리에서 용두리 쉼터를 거쳐 나바위성당까지 이어지는 김대건신부길 코스에 해당된다.

　또한 나바위성당은 아름다운 순례길 가운데, 한옥마을-송광사-천호-나바위-미륵사지-초남이-금산사-수류-모악산-한옥마을로 이어지는 코스 중 하나이다.

　둘레길의 조성은 있는 길을 활용하되, 인위적이거나 새로 조성하는 것은 자제해야 한다. 마을을 돌아 자연적인 밭둑길과 산길을 가던 정겹고 아기

자기한 길을 일률적으로 넓히고 직선화하고 포장하느라 바쁘다. 둘레길의 조성이 또 다른 자연 파괴의 현장이 되어서는 안 되는 것이다.

이로 인해 그 지점이 갖고 있던 독특한 경관매력을 헤치는 경우가 더러 있다. 대체적으로 도보여행자들은 쭉 뻗은 신작로 형태의 길을 선호하지 않는다.

길에 있어서 "구불"이라는 표현이 주는 이미지를 상상해 보자. 있는 그대로의 자연 속에 난 길을 걸으며, 한 굽이 뒤를 기대하는 흥미로움을 빼앗지 말자. 그리고 그 길을 이용했을 사람들과 길의 역사성을 반추하는 재미를 빼앗지 말자.

조세를 관리하던 성당창

성당면 성당리는 금강 가에 위치한 작은 포구로 군산에서 강경까지의 12개 나루터 중 하나였다. 또한 고려시대부터 조선시대까지 국가에서 운영했던 조창인 성당창이 있던 마을이다.

조창이란 국가에서 국민들에게 세곡을 수납케 해 거둬들이는 것으로, 조창은 이렇게 수납된 쌀을 보관하고 배를 이용해 서울로 이송하는 일을 한다. 조선시대 조창은 총 9개로 해안에 4개의 해운창과 강에 5개의 수운창을 두었고, 각 조창에는 판관을 배치했다.

조창에서의 선박운항은 풍랑에 대비해 2월에서 4월에 마쳐야 했다. 한양으로의 경로는 금강을 따라 군산 앞바다에서 북상한 뒤, 충청도와 경기도 연해안을 거쳐 서울의 서강나루(서강대교 북단의 나루터)까지 올라갔다 한다.

성당리마을

마을을 들어서면, 금줄 두른 느티나무 노거수를 모신 당산이 맞이한다. 당산에서는 1894년 이후 명맥이 끊겼던 순풍당 별신제를 다시 재개했다.

순풍당별신제는 마을의 안녕과 풍년농사를 빌고 풍어와 조운선의 무사 항해를 기원하는데, 조창이 폐쇄되고 순풍당이 무너지자 지금껏 당산제로 대신해 왔다.

당산 아래에는 수령 사오백년으로 보는 은행나무(전라북도기념물 제109호)가 마을의 대들보처럼 서 있다. 마을에서 느티나무와 함께 당산제를 올리는데, 수직으로 뻗어 올라간 위상에서 강직한 기상과 위엄, 연륜을 느낄 수 있다.

은행나무 앞에 벽화가 이채롭다. 과거 성당포구의 한 시절을 파노라마처럼 보여 주는 사실적이고 재미있는 그림이다. 철새가 날아드는 초가지붕 마을 앞 강변은 범선들이 운집했으며 쌀을 이고지고 나르는 짐꾼들과 백의민초들이 장사진을 이루는 그림이다.

테마가 있는 이야기 길은 지나는 마을마다 많은 벽화가 그려져 있지만, 대부분 천편일률적인 그림 소재와 재질로 식상함을 준다. 꽃이나 자연을 주제로 하여 화사함을 줄지는 모르지만, 마을의 테마를 설명하기에 부족하여, 그 마을이 그 마을 같은 경향이 있다.

마을의 역사와 문화를 이해할 수 있는 보다 사실적이고 교육적인 그림들이 아쉬운데, 성당리는 마을벽화가 좋은 마을해설사인 셈이다.

성당리를 끼고 있는 산북천 하류에 황토돛배가 한 척 떠 있다. 고려시대

부터 조선시대까지는 성당창으로 활황을 띠었고, 다시 금강수운의 한 축을 담당하며 활황을 띠었던 성당리가 아니던가. 이후 수운의 쇠퇴와 금강하굿둑으로 인해 영화롭던 역사의 뒤안길에 선 평범한 농촌마을이 되었지만, 금강과 마을의 생태적 자원, 성당포의 역사를 테마로 생태체험마을을 운영하고 있고, 그 체험자원으로 황토돛배를 운영하고 있다.

성당마을 뒷산에서 웅포대교까지

마을뒷산으로 오르는 길은 금강이 한눈에 보이는 시원한 조망길이다. 빽빽한 중국단풍나무가 어두운 숲그늘을 주고, 가을낙엽은 온통 카펫을 만들어 발밑에서 바스락거린다.

이 길은 마을사람들이 정성들여 조성한 산책길로 마을의 생태자원인 것이다. 대나무 숲과 흙계단, 안전밧줄, 정자, 조망데크 등이 정겹고 아기자기하다.

성당리 마을뒷산의 바위절벽 아래는 고란초 군락이 바위틈에 흐드러지게 붙어 있다. 귀한 고란초가 자라는 곳이 쉽게 접근할 수 없는 지대임이 안타깝다.

강 건너는 부여군 양화면 입포리이다. 작은 면소재지이지만, 성당포구와 더불어 갓게포구로 더 유명해 한때는 강경어업지소가 있을 만큼 활황을 띠었던 마을이었다. 입포리 역시 시간이 정체된 듯, 골목골목마다 옛 건물들이 다수 남아 있다.

성당마을 뒷산 조망데크에서 발아래 보이는 금강하류의 폭이 너르고 푸르다. 강 한가운데 크고 작은 하중도가 눈에 들어온다. 하중도 주변에도 부분적으로 강바닥이 얕아 물높이를 예상할 수 있는 색깔이다.

이 모두 금강하류에서 볼 수 있는 현상인데, 하굿둑으로 인해 물 흐름이 차단되자 상류에서 내려온 퇴적물이 쌓이고 물의 흐름이 더해져 저절로 생겨난 지형들이다.

과거에는 이 하중도에도 배를 타고 들어가 농사를 지었다. 강 한가운데서 짓는 농사는 그야말로 강에 농약과 비료를 뿌리는 직접적인 행위나 다름없었다.

지금은 하중도의 농경을 걷어 내고 일부 생태공원을 조성했다. 다양한 새들의 안락한 서식처가 조성된 것이다.

지금껏 강을 함부로 대해 왔던 인간이 강에 베풀 수 있는 뒤늦은 선물이 아닐 수 없다.

성당리에서 대붕암리 원대암마을을 지나 붕새마을까지 왔다.

붕새마을은 나루터로 가는 마을이란 뜻의 나루새라고도 말한다. 붕새마을의 특산물인 고사리 밭도 지나고, 풍치 좋은 소나무숲길도 지나왔다. 마을에서는 강이 제방에 가려 보이지 않는다. 그러나 볕을 쬐고 옹기종기 모여 있는 집들은 평화로운 정경이다.

사는 이 적어 마을집의 반은 빈집이라 귀농인들을 적극 받아들이고 있고, 금강을 테마로 한 체험거리와 민박을 함께한 익산 붕새언덕마을체험으로 활발하다.

붕새마을부터 웅포대교까지 4.5km 제방은 하얀색 시멘트 포장을 하여, 마치 긴 한삼자락을 늘어뜨린 듯 강을 따라 나 있다. 도로의 색은 푸른 하늘과 푸른 강물에 대비되어 튀는 하얀색이다. 그 색은 너무도 강렬하여 눈을 시게 하고 강의 경관을 반감시킨다.

금강의 하류부 양안 전 구간이 자전거도로라는 명분으로 이런 상황이다. 한여름이 아니더라도 볕이 지속적으로 달궈 준다면, 불가마를 방불케 하는 열기로 제방을 달리기는 쉽지 않을 일이다.

웅포대교는 충청남도 부여군 양화면 내성리와 전라북도 익산시 웅포면 맹산리를 잇는 1,226m의 왕복2차선 금강다리로 1999년에 개통되었다. 하굿둑에서부터 서해고속도로를 제외하곤 국도 첫 번째 다리인 셈이다.

가로등은 총 49개로 부여의 상징인 청사초롱과 익산의 상징인 보석의 이미지를 갖추고 있다.

웅포대교가 있는 자리는 과거 곰개나루터였다. 곰이 물을 마시는 듯한 지형이라 하는 곰개는 강경으로 드는 곰개―입포―성당포로 이어지는 중요한 교통로였다.

서천

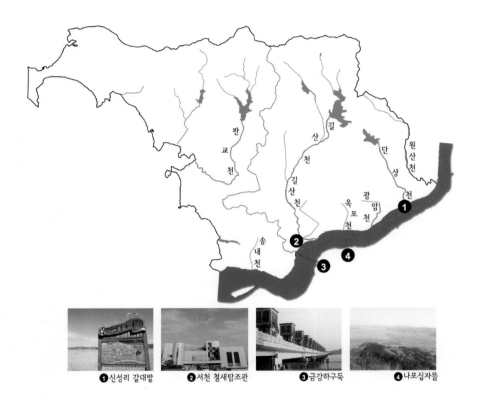

판교천

산천 길

단상천

원산천

길산천

옥포천 광암천

송내천

① ② ④ ③

❶신성리 갈대밭 **❷서천 철새탐조관** **❸금강하구둑** **❹나포십자뜰**

신성리갈대밭

신성리갈대밭은 금강하굿둑에서 16km 상류에 약 7만여 평에 걸쳐 자연적으로 조성되었다. 신성리는 금강 가에 새로 생긴 나루터로 신성포라고도 했는데, 강 건너 익산의 웅포에서 나룻배에 소를 싣고 장을 보러 왔었다 한다. 신성포의 새장은 모시장과 우시장이 유명했다.

신성리갈대밭은 영화 공동경비구역 JSA(2000년)의 촬영지로 유명해지면서, 갈대의 4계를 보기 위해 세인들의 발걸음이 끊이지 않고 있다.

연안습지인 순천만 개흙 속의 키 작은 갈대와 비교할 때, 신성리는 내륙습지의 갈대로서 키가 3m를 넘기 때문에 갈대밭에 들어서면 사람은 갈대에 푹 파묻힐 정도이다.

과거 이용자들의 무분별한 갈대채취와 훼손이 있었지만, 최근 갈대밭 진입목도와 오솔길을 지정하고 친수공간을 확대하는 등 서천군의 신성리에 대한 관심과 의지는 강하다.

억센 줄기가 서로 부딪히며 내는 소리를 들으며, 빽빽한 대숲 같은 갈대 숲길을 걷노라면, 사색과 쉼이 한데 어우러진 멋진 시간이 될 것이다.

신성리갈대밭에는 갈대뿐만 아니라, 모세달과 물억새 등도 함께 서식하고 있다.

모새달은 산림청이 지정한 희귀멸종위기식물 제194호로 점차 군락이 넓어지고 있는데, 이는 신성리갈대밭이 점차 육상화되고 있다는 증거이다.

신성리갈대밭의 육상화는 하굿둑으로 인한 염분의 상실과 퇴적되는 토사 때문이라 할 수 있다. 물속에 있어야 할 갈대의 뿌리가 퇴적으로 인해 육상화된 토양에 있다 보니, 생육조건이 맞지 않아 개체수가 줄어들고 육상식물이 그 면적을 잠식하고 있는 것이다.

따라서 서천군은 갈대의 생육증진을 위해 매년 갈대를 베어 내고 소금을 뿌리는 등 다양한 방법을 동원하고 있지만, 바닷물의 소통이 이를 해결하는 근본임을 잘 알고 있다.

갈대의 위력

갈대는 습지에서 자라는 여러해살이식물로 염분이 섞인 갯가에서 잘 자란다. 일반적으로 수생식물이 다 그렇지만, 갈대의 줄기와 뿌리는 물을 정화하는 식물로 유명하다. 갈대는 물의 흐름을 느리게 한 후, 뿌리나 부착미생물에 의해 오염물질을 흡수하여 질소나 인 등을 분해하는 역할을 한다.

안산 시화호의 경우는 시화호로 들어오는 세 개의 하천 하류부에 대규모의 갈대밭을 인공으로 조성하여 생물학적 정화처리능력과 맞먹는 자연정화처리능력으로 수질정화효과를 톡톡히 보고 있다.

따라서 갈대둔치가 잘 조성된 자연하천의 경우는 천연의 수질정화가 이루어지는 곳으로, 진정한 의미에서 생태하천의 모습이라 할 수 있다.

금강하굿둑 전과 후

서천의 갈대밭은 신성리에만 갈대밭만 있었던 것은 아니다. 신성리갈대밭
뿐만 아니라 현재 서천일대 금강 주변의 농지는 대부분 갈대밭으로, 매립
에 의해 만들어진 평야들인 것이다.

밀물은 금강을 따라 올라오며 너른 서천의 벌판을 적셨고, 여기서 자라
는 갈대는 일대의 주민들에게 중요한 생계자원이었다. 갈자리, 갈꽃빗자
루, 채반, 모자 등 대부분이 그 시대 생활필수품이 갈대로 만들어졌기 때문
이다. 특히 금강변의 갈대로 만든 갈자리는 강경 장을 통해 멀리 만주까지
팔려 나갔다고 한다.

그러나 금강하굿둑이 생기고 갈대가 자라던 개펄은 농지정리를 통해 농경지로 바뀌었다.

금강은 제방에 갇히어 양수장에서나 금강 물을 농경지로 공급할 뿐이었다. 갈밭은 사라지고 그 자리에 쌀농사가 지어지면서, 서천의 금강변 너른 평야는 최대의 곡창지대로 자리하게 되었다.

너른 곡창지대에서 추수가 끝난 후 찬바람이 불면, 북쪽에서 내려온 겨울진객이 그 평야를 채운다. 가창오리를 비롯한 오리류들과 기러기 떼가 들판의 나락을 먹고자 서천과 익산의 들판을 찾아오는 것이다.

이들은 밤 동안에 금강 좌우안의 평야에서 먹이활동을 한 후, 한낮에는 하굿둑으로 인해 호수가 된 넓은 금강호 한가운데에서 섬을 이루며 쉼을 갖는다.

강길 따라 이어진 강촌마을

단상천을 건너 죽산리, 화촌리, 완포리, 와초리로 이어지는 제방도로를 따라간다. 화양면 옥포리에서 제방도로가 국도를 만날 때까지 금강 제방은 자전거도로로 변모했다.

신성리구간을 제외하고는 대부분 길을 시멘트 포장하여 오래 걷다 보면 피로가 올 수 있겠다.

신성리갈대밭에서 용산리로 향한다. 강을 끼고 가노라면, 잘 다듬어진 평야 위에 야트막한 산들이 섬처럼 떠 있다.

하굿둑을 만들기 이전에도 금강은 수심이 얕아 바닷가 장항항까지 불과 1만 톤 이상의 선박은 출입할 수 없을 정도였다 한다. 지역 주민들의 말로는, 평야 속 이 야트막한 잔 봉들이 모두 홍수 때에 상류에서 떠내려 왔다고 재미삼아 이야기한다.

단상천을 건너 죽산리를 만난다. 서천군의 널따란 평야는 모두 7개 지역으로 나뉘는데, 제일 큰 대명사 평야가 길산천 유역에 분포하는 길산 평야로 서천군 총 답 면적의 약 반을 차지한다고 봐야 한다. 그다음의 곡창지대가 한산평야로 한산면 단상천 유역에 분포하는 지역으로 신성리까지 뻗어 있다.

화양면 와초리는 이전에 기와를 구웠던 마을이란 뜻이다.

와초리 제방 따라 이어지는 강길에 새를 탐조하기 위한 갈대막 탐조대가 설치되어 있다. 갈대로 발을 만들어 탐조대를 설치해 놓았지만, 일정한 설

명서가 없어 평시엔 햇빛을 피해 가는 장소로 활용된다.

　와초리앞 금강 변은 갈대군락과 하중도가 잘 조성되어 있고, 강 건너는 나포면 십자뜰이 있지 않나. 나포의 넓은 들판에서 나락을 먹고, 강에 내려 앉아 쉬는 가창오리를 가장 가까이서 볼 수 있는 지점이 와초리인 것이다. 와초리의 수중한 생태경관자원을 탐조 때가 아닌 비수기에도 안내판을 통해 알 수 있었으면 한다.

서천군 화양면 옥포리는 면사무소, 우체국, 경찰서와 보건소가 모두 있는 양지바른 마을이다.

바다에서 올라오는 물고기들을 잡아 큰 시장을 형성했을 만큼 번성했던 마을이나, 크고 번잡하던 상가는 하나둘 문을 닫아 쇄락한 마을거리를 보여 주고 있다.

봄볕은 마을 신작로를 따끈하게 데워서 더 없이 고즈넉한데, 길바닥에 거니는 사람 없는 조용하고 한적한 마을이다. 사람 떠난 빈집은 썰렁함만 남아, 집 떠날 때 남기고 간 가재도구만이 지난 겨울바람에 뒹굴어 다닌다.

옥포리의 서해안고속도로 아래 하중도 주변은 특히 큰고니들이 몰려들어 먹이활동을 하는 모습을 많이 본다.

또한 옥포리 마을을 싸고 있는 옥산 아래는 강 건너 군산 나포십자뜰 제방과 함께 금강의 가창오리군무 최적의 탐조 포인트로 쌍벽을 이루는 지점이다.

탐조 객들이 몰리는 이러한 지점 역시 탐조할 때 주의할 점이나 관찰되는 철새들의 이해를 도울 수 있는 자기안내식 해설판이 있어야 할 것이다.

어메니티 서천을 방해하는 것들

서천은 어메니티(Amenity) 서천을 표방했다.

어메니티란 인간이 생태 문화 역사적 가치를 지닌 환경과 접하면서 느끼는 좋은 감정들을 불러일으키는 장소를 일컫는다.

서천의 경우는 금강하류와 서해갯벌이라는 자연환경, 한산모시나 소곡주 갈꽃비와 같은 특산품, 가창오리, 신성리갈대밭, 동백꽃군락지 등의 야생동식물 등이 모두 어메니티 자원이 될 수 있어 아주 적절한 선택이다.

서천의 생태와 문화와 역사는 순식간에 만들어지는 것이 아니기에, 오랜 세월 금강이 갖고 있는 생태적인 자원이 지역의 문화를 형성하고 그로써 역사의 페이지를 더해 갔다고 볼 수 있다.

그러나 소중한 자원은 지속가능한 발전 속에 보장받을 수 있다. 금강하 굿둑으로 인해 퇴적물이 쌓여 강이 점차 얕아지고, 수질은 오염되어 간다. 해수의 통수는 금강갈대의 생육을 안정적으로 보장해 줄 수 있는 최적의 대안이다.

또한 회귀성 어류의 도래는 서천의 생태자원을 어업경제와 관광자원으로 끌어 줄 수 있는 큰 획이 될 수 있는 것이다.

때문에 서천은 너무나도 간절히 하굿둑의 개방을 원하고 있지만, 군산과의 팽팽한 신경전만 거듭될 뿐이다.

가창오리와 큰기러기들의 쉼터인 서천평야는 겨울철 무논(논에 물을 빼지 않는 것)을 조성하여 생태적 습지를 지속시키고, 수확 후 여분의 나락을 남기는 등으로 먹이를 공급해야 한다.

그러나 고도로 근대화된 농업경영과 축산업의 확대로 볏짚은 래핑되어 한 가닥의 나락도 여분이 없다. 하얀 래핑은 너른 평야에 마시멜로처럼 뒹굴면서 반짝이니, 새들의 시각에 자극을 줄 뿐이다. 또한 AI 조류독감 등을 우려하여 철새들의 접근을 차단하고 등외시하는 경우도 비일비재다.

신성리갈대밭의 건강성과 면적이 줄어듦을 걱정하면서도, 인근의 갈대

밭에 있던 농경을 걷어 낸 둔치에는 생태적 복원의 노력보다는, 인위적인 친수공원사업에 몰두한다.

블록을 깔아 광장을 만들고, 마사토로 산책로를 넓혀 갈대밭 면적을 잠식한다.

신성리와 마주한 부여 시음리 둔치의 경우는 아예 갈대나 버드나무가 자연적으로 서식할 수 있는 공간에 참나무, 메타세쿼이아, 벚나무, 은행나무, 소나무들을 둔치에 심어 둔치 숲을 조성했다.

금강정비사업은 강길을 따라 자전거도로를 내어 하굿둑까지 이어진다. 부분적으로 흙길을 남겨 놓았지만, 농로로 활용되던 제방을 자전거 전용도로로 내주면서 제방바깥으로 별도의 농로를 또 구획하고 있다.

지역민들의 불편과 외면 속에 현지인들의 상황을 고려하지 않는 금강자전거길사업은 지역주민의 오랜 삶이 녹여 낸 어메니티 정신을 크게 왜곡하고 있는 것이다.

군산

제17장

십자뜰과 가창오리 탐조
전 세계 99.9%의 가창오리가 우리나라로
군산구불길 │ 금강하굿둑

십자뜰과 가창오리 탐조

십자뜰은 군산시 나포면 서포리에서 옥곤리에 이르는 평야로 금강을 따라 4.5km 접해 있다.

인근 오성산은 나당연합군에 항쟁하다 숨진 다섯 장군의 묘가 있다 해서 붙여진 이름으로, 해발 227m의 높지 않은 산임에도 군산일대와 하굿둑 그리고 금강 좌우안의 너른 평야를 한눈에 조망할 수 있는 좋은 장소이다.

십자뜰은 금강을 사이에 두고 서천의 한산평야를 마주하고 있어, 이 지점은 겨울철새들이 먹이활동을 하거나 금강에서 쉬는 모습을 쉽게 볼 수 있는 곳이다.

십자뜰 제방의 탐조대 주변에는 겨울진객을 보기 위한 열혈 팬들이 일찍부터 많이 와 기다리고 있다. 강가에 줄 지어 서 있는 고가의 카메라 장비들이 마치 장비 전시장을 방불케 한다.

조용히 섬처럼 떠 있는 것은 가창오리이다.

해가 질 녘까지 많은 섬들이 점차 합쳐져 하나의 섬이 되길 기다린다.

더러 큰 섬은 낮은 비행으로 세력을 키워 가며 조금씩 자리를 옮긴다. 섬은 회오리처럼 돌면서 자석에 끌려가는 쇳가루처럼 한 덩치로 불려 나가고, 호빵처럼 부풀어 오르기도 한다. 흩어졌다 모였다를 몇 차례 반복하는

것이 마치 바다 속 물고기 떼가 움직이는 것과 비슷하다. 해가 질 때까지 3차원 입체영상의 파노라마가 하늘을 스크린으로 펼쳐지고 있는 것이다.

드디어 한 덩치가 되니 10만 개체 이상이면 나타나는 큰 달걀모양으로 비행을 하기 시작한다.

그 웅장하고 거대한 비상의 소리는 또 어떠한가. 수많은 말벌 떼가 일시에 비행하는 듯한 울림과 진동은 내가 선 자리에서 함께한 이들이 지르는 높은 탄성과 섞이어 무아지경이다.

추위 속 고된 기다림 끝의 환희라고나 할까. 순간 자연이 빚어내는 경이로움과 장엄함에 몸이 굳어진다. 위대한 생명이 빚어내는 자연의 예술 그 자체인 것이다.

큰 덩치는 한 마리 시조새가 된 듯 강 상류 혹은 오성산 너머로 날아간다. 어떤 날이고 이들의 가는 곳을 예상하진 못한다. 이들이 먼 하늘 끝에서 자취를 감출 때까지 미동도 않고 서 있는 동안 각본 없는 위대한 자연의 드라마가 써진 것이다.

전 세계 99.9%의 가창오리가 우리나라로

가창오리는 매년 9월이면 오호츠크해안과 캄차카에서 따뜻한 남쪽나라인 우리나라로 내려온다.

남쪽나라라고 해야 우리도 추운 겨울이지만, 이들이 떠나온 곳은 영하 40도로 이런 강추위가 5개월 이상 지속되면, 습지와 땅은 모두 얼어 먹이를 구할 수 없다. 따라서 우리나라의 서산AB지역에 도착하여 대호 및 석문호, 아산 및 삽교호, 금강호, 해남간척지, 주남저수지 등 월동지를 이동하며 겨울을 보낸다.

생존과 번식을 목적으로 대규모 군락을 이뤄 내려오는 철새들은 밤낮을 쉬지 않고 날아온다. 태양과 별자리의 위치, 지구의 자기나 풍향 등을 이용한 종합적인 판단으로 방향을 찾는다. 때로 여행 중 폭풍이나 안개, 돌풍 등에 의해 방향을 상실하고, 자연재해로 인해 엉뚱한 곳에 떨어져 바다에서 빈사상태로 전멸하기도 한다.

비행하는 동안 공기의 저항을 덜 받기 위해 다양한 기류 속에서 양력을 유지하며 추진력을 얻는데, 어리고 약한 개체들은 군락의 가운데에서, 젊은 개체들이 가장자리에서 기류를 형성하며 난다.

월동 초기에는 휴식을 취하면서 먹이를 쉽게 구할 수 있는 서산지역을 이용하다가, 날씨가 추워져 호수가 얼면 해남지역으로 이동한다.

휴식시간인 낮 동안에는 큰 무리로 나뉘어 호수 안에서 휴식을 취하고, 저녁 무렵 섭식지로 이동할 시점에는 하나의 큰 무리로 합쳐져서 이동하기 시작한다.

야간에 먹이를 먹는 행동은 포식자로부터 보호받기 위한 수면성 오리들의 특징이다.

해남지역은 날씨가 따뜻하여 겨울철에도 벼농사지역에 다른 농사를 짓거나 비닐하우스를 설치하기 때문에 먹이장소가 부족하게 된다.

이런 이유로 가창오리 무리는 금강호지역으로 이동하여 주변의 서천, 부

여, 익산, 김제지역의 평야에서 3월까지 월동하다 번식지로 이동한다.

계절을 따라 이동하며 생활사를 완성하는 물새들은 계절 혹은 성장과정에 따라 사용 가능한 지속적인 서식처가 필요하다. 따라서 다양한 계층의 서식처가 복합적으로 분포되어 있는 곳에 집중적으로 모여들게 된다.

그러나 이들을 방해하는 요인은 많다. 서식처를 찾아 이동이 많아지면, 비행시간을 증가시켜 월동지에서 축적해야 할 에너지를 많이 소모하게 된다.

실제 번식지로 돌아가면 몸무게가 반으로 줄어드는 것을 감안하면 지방축적은 꼭 필요한 일인 것이다.

야생조류 가운데 특히 물새의 서식처로서 습지는 중요하다.

전 지구적으로 함께 보호해야 할 물새서식처보호조약이 바로 람사르조약인 것이다. 그들의 생존전략으로써 글로벌 네트워크를 고려한다면, 비단 조약에 등록된 장소만 중요하게 여겨서는 안 된다. 지구 곳곳을 이동하는 철새들의 이동길목 그 어떤 장소이든, 그들의 서식처는 보전되어야 할 것이다.

군산구불길

익산둘레길에 이어 군산구불길도 비단강길, 햇빛길, 큰들길, 구슬뫼길, 물빛길, 달밝음길, 탁류길, 새만금길 총 8개의 길을 조성했다.

그중 금강을 끼고 가는 비단강길은 원나포마을―나포삼거리―오성산―성덕마을비보림―철새조망대―하굿둑공원어도―군산역까지 총 18km이다.

금강하굿둑

금강하굿둑은 군산 동북쪽 상류 5km 지점과 서천 마서면 도삼리 사이를
잇는 총길이 1,841m의 둑으로 농업기반공사에 의해 1989년 완공되었다.

　서해에서 강경까지 역류하는 바닷물을 차단함으로써 저지대 농경지의
고질적 홍수를 해결했고, 금강에 인공담수호가 조성되어 서천, 부여, 군산,
김제, 익산, 완주 등 3개 시 6개 군의 농경지에 농업용수 및 생활용수, 공업
용수 등을 공급하게 되었다. 또한 군산―장항 간 배에 의존하던 교통수단
이 육로로 바뀌게 되었다.

　하굿둑으로 인한 1차적인 변화는 회귀성 어류의 감소이다. 웅어라 불리
는 우어, 숭어, 황복, 농어, 학꽁치, 참게, 뱀장어, 전어 등은 바다와 금강을

오가며 생활사를 완성하는 생물들이었는데, 이들의 감소는 수산업의 몰락과 함께 지역경제에 타격을 가져왔다. 또한 금강하류의 수많은 포구들이 기능을 잃고, 농촌마을로 변하면서 생활문화 자체가 변하게 되었다.

하굿둑은 생태적인 것을 고려하여 어도를 설치해 놓고는 있지만, 알을 낳고자 본능적으로 움직이는 물고기나 참게들이 배수갑문 사이에 끼어 있는 모습을 보고 있는 주민들의 마음은 씁쓸하다.

대규모의 금강호가 만들어지면서 수질에도 변화가 생겼다. 배수갑문은 일정한 주기로 운영되므로 담수호나 다름없어 육지에서 몰려드는 영양염류들은 바다로 나가지 못하고 썩어 가고 있다. 상류에서는 토사가 유입되어 수심이 점차 낮아지니, 큰 비라도 오면 지류의 물들이 빠져나가지 못해 농경지가 침수된다.

하굿둑은 갯벌생태계에도 치명적인 환경문제를 가져왔다. 육지와 바다를 잇는 기수역 생태계가 단절되면서 갯벌생태계는 파괴되었고, 육지로부터 유기물을 받지 못하는 바다는 어패류가 살 수 없어 사막화가 가속되고 있다.

금강을 살리고, 생태계를 복원시키는 일에 있어 하굿둑 개방은 꼭 필요한 일이다.

당장 서천군은 금강하구의 해수유통에 사활을 걸었지만, 군산시의 경우는 그리 쉬운 일이 아니다.

현재 농업과 공업용수로 잘 사용되고 있는 금강호의 물을 짠물로 만들겠다는 것도 강한 거부감이 있을뿐더러, 갈수록 수질오염이 심각한 새만금에 금강호의 물을 새만금 희석수로 쓰는 방안을 검토 중이기 때문이다.

하굿둑 유통은 군산시의 입장에서 받아들이기 쉬운 일이 아닌 것이다.

최수경

대전 출생
대전충남녹색연합 공동대표
환경부 환경홍보강사단

대학에서 가정교육을, 대학원에서 환경과학을 전공했으며, 공주대학교 환경교육 박사과정에 있다.
체험 중심의 자녀교육을 하면서 대전의 자연환경에 관심을 갖게 되었다.
현재 환경단체에서 환경해설과 자연체험프로그램의 기획과 진행을 하고 있으며, 금강유역권에서 환경
과 금강에 관련한 다양한 활동을 하고 있다. 금강유역의 인문자연환경을 결합한 환경교육프로그램인
금강트레킹을 기획하여 지역에서 많은 호응을 얻고 있다.
금강유역의 교육적 자원 발굴을 위해 하천답사를 하고 있으며, 체험교육과 생물종 보전을 위한 기고와
칼럼 등을 쓴다.

블로그: 대전수달과 금강
http://blog.daum.net/sudal7

초판발행 2012년 8월 27일
초판 2쇄 2019년 1월 11일

지은이 최수경
펴낸이 채종준

펴낸곳 한국학술정보(주)
주소 경기도 파주시 회동길 230 (문발동)
전화 031 908 3181(대표)
팩스 031 908 3189
홈페이지 http://ebook.kstudy.com
E-mail 출판사업부 publish@kstudy.com
등록 제일산-115호(2000. 6. 19)

ISBN 978-89-268-3674-3 03090 (Paper Book)
       978-89-268-3675-0 05090 (e-Book)